마흔, 라벨 떼고 다시 시작

마흔, 라벨 떼고 다시 시작

재능, 환경, 한계를 뛰어넘어
최고의 나를 만나는 역주행 인생 공략법

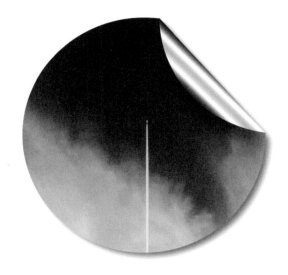

강유정(유리쌤) 지음

클랩북스

"지금 죽는다면
분명 내 삶을 후회할거야."

퇴근을 갈망하며 출근길에 오르고, 금요일 저녁을 고대하며 월요일을 시작하던 삶이 싫었다. 그래도 이만한 회사는 또 없다며 스스로를 가스라이팅하며 버텼다. 산더미처럼 쌓인 할 일들을 쳐내기에도 24시간이 모자란데 삶에 대한 진지한 고민은 사치였다. 사실 고민을 해도 뾰족한 답이 없을 것 같았다. 하지만 '죽음'이라는 단어는 앞만 보며 내달리던 나의 삶에 강한 브레이크를 걸었다.

죽음 앞에서 후회하지 않을 삶을 살고 싶었다. 변화를 위해서는 가진 걸 내려놓아야 했다. 손에 넣기 위해 평생 노력했던 것들 말이다. 학벌, 억대 연봉 직장, 동시통역사라는 직업, 착한 딸, 좋은 선배, 슈퍼우먼…… 인생에 변화를 준다는 사실보다 두 손 가득 쥐고 있는 것들을 놓는 것이 더 두려웠다. 그동안 한 땀 한 땀 바느질해서 차고 다니던, 훈장 같은 라벨들을 떼어내는 순간 나라는 존재도 사라지면 어쩌지?

'지금 이 순간 행복하고 보람 있는 삶을 살려면 어떻게 살아야 하는가.'

정답이 없는 질문의 답을 찾아보기로 했다. 3년 반이 지난 지금, 완벽한 답을 찾았다고 하기는 어렵지만 많은 힌트들을 얻었고 다양한 길을 발견했다. 무엇보다 현재에 온전히 행복할 수 있는 지혜와 여유를 터득했다. 의미와 보람을 찾는 시간들에 감사함을 느끼는 시간들이 훨씬 많아졌다.

한 회사에서만 18년간 일했던 내가 45세라는 적지 않은 나이에 시작한 도전으로 지금은 완전히 새로운 삶을 살고 있다. 강유정이라는 한 사람에 대해 많은 것을 알게 되었고, 자신을 발견하고 성장하고 싶은 사람들에게 도움을 줄 만큼 성장했다. 기적 같은 일이 아닐 수 없다. 이렇게 살면 죽기 전 후회하지는 않을 것이라는 희망도 생겼다.

지난 3년 반 동안 '한 명에게라도 도움이 된다면!'이라는 생각으로 인스타그램에서 콘텐츠를 만들고 커뮤니티를 운영해 왔다. 나의 성장 스토리가, 그리고 부록으로 담은 릴스 꿀팁이 누군가의 생각을 바꾸고 행동하는 계기가 된다면, 인생

역주행의 치트키로 유용하게 쓰인다면 나는 더없이 기쁠 것
이다.

강유정(유리쌤)

차례

프롤로그

"지금 죽는다면 분명 내 삶을 후회할거야."   4

1부

라벨 떼고 나니 아무 것도 없는 나

나는 내 인생의 주인공이 아니었다   15
일을 덜 하면 행복해질까   24
죽음 앞에서 멋진 삶이고 싶어서   30
비워야 채울 수 있다   38
자유로운 삶을 위해 내가 버린 것   45
● 인생의 위험 신호가 되는 감정들   50

2부

인생의 전환점을 만나다

나는 1년에 책 한 권도 읽지 않는 사람이었다   59

100일 동안 하루 10분 책을 읽었더니   66

재능과 환경을 뛰어넘는 힘   74

나는 인친들의 댓글을 흉내내기 시작했다   79

세상에 버려지는 경험은 없다   89

인스타그램과 함께 나도 성장하고 있었다   97

그냥 좋아서 했을 뿐인데   105

● 나의 하루 루틴   115

3부

알을 깨고 더 큰 내가 되다

다시 태어나면 무엇을 할래?   123

하기로 한 일에는 '그래도'를 없애야 한다   130

마음이 흔들린다면 감사해야 한다   140

결심만으로 정상에 오를 수는 없다   147

우리 모두는 초보였다   155

● 내 인생을 풍요롭게 해 준 책들   162

4부

모두에게는 자신의 때가 있다

인생의 전환점에는 늘 사람이 있었다   169

환경과 관계를 재설정하자   175

멘토의 한마디가 새로운 생각을 열어 준다   182

누구의 조언을 들을 것인가   189

● 타인의 도움 없이는 성장할 수 없다   196

5부

반드시 올 당신의 때를 만끽하는 법

나부터 나를 긍정해 줄 것   203

지금 여기에서 행복할 것   215

만들어야 할 습관, 버려야 할 습관   225

한번쯤은 좋아하는 일에 집중할 것   235

좋아하는 일로 새로운 기회를 만드는 법   246

● 삶을 변화시키는 가장 강력한 방법   256

몰입, 반응, 소통을 일으키는
릴스 제작 노하우

릴스란 무엇인가?   261

릴스 기본 세팅하기   265

인스타그램 게시물 사이즈 총 정리   271

릴스가 재미있어지는 촬영 기법 세 가지   277

저장수가 높아지는 릴스의 비밀   279

좋은 릴스의 조건 세 가지   282

릴스 관련 흔한 오해 여섯 가지   288

유리쌤의 콘텐츠 컨닝페이퍼   292

1부

라벨 떼고 나니
아무 것도 없는 나

나는 내 인생의 주인공이 아니었다

───⊙ 나를 갈고 닦을수록 그 가치는 더 커진다는
       믿음이 생기면 새로운 세계가 펼쳐진다.

나의 가치를 돈으로 환산한다면 얼마일까?

천만 원? 10억 원? 1조 원?

사람에 따라 이에 대한 답변은 천차만별일 것이다. 나는
퇴사를 하기 전까지 나의 가치가 외부에 의해 정해지는 줄 알
았다. 학교에서는 모범생에게 가장 높은 가치가 주어진다. 친
구들 사이에서는 성격 좋고 원만히 잘 지내는 사람에게 높은
가치를 부여한다. 일류 대학 진학은 한 사람의 가치를 인생의
정점에 올려놓는 듯 보인다. 그리고 드디어 취업이라는 것을

하게 되면 연봉이라는 객관적인 수치를 가지고 나의 가치가 명확하게 결정된다.

대학원을 졸업하고 첫 직장에 취직한 나는 또래들보다 월등히 높은 월급을 받고 직장 생활을 시작했다. 그 당시에는 통역사의 초봉이 일반 기업의 부장 수준이었기 때문이다. 게다가 나는 통역사들이 취직하는 회사 중에서도 정상으로 손꼽히는 컨설팅사에 취직했으니, "베인앤드컴퍼니 다녀요.", "영어동시통역사에요."라는 말은 그 어떤 물리치료보다 나의 허리와 어깨를 꼿꼿하게 세워 주었다.

실제로 나는 통역사로서 사회초년생이 일반적으로 누리지 못하는 많은 혜택을 누렸다. 대학원을 갓 졸업한 어린 나이임에도 불구하고 전문직으로 인정받았고, 통역사를 고용하는 기업은 꽤 규모가 있거나 해외 교류가 잦은 업무를 다루었기 때문에 우량 기업 또는 글로벌하게 활동하는 기업과 일할 기회가 많았다. 자연스레 내 나이에서는 보통 만나기 어려운 재계와 정계 인사, 유명인들과 일할 기회도 많이 주어졌다.

세상에 공짜 점심은 없다

미국의 경제학자 밀턴 프리드먼이 즐겨 쓰던 말이 있다.

"There is no such thing as a free lunch."

세상에 공짜 점심은 없다는 뜻이다. 남의 미움을 사는 것을 극히 두려워했던 나는 타인에게 인정의 말을 들을 때에야 비로소 안정감을 찾고 내가 소중하고 중요한 사람이 되는 느낌이 들었다. 도처에서 들려오는 인정과 찬사는 나에게 비싼 점심이었다. 비싼 점심은 그만큼의 대가를 요구했다.

내가 이끌던 사내 통번역팀은 소속 부서 없이 프로젝트의 필요에 따라 그때그때 투입되었기 때문에 하루에도 다양한 산업과 주제를 다뤄야 했다. 오전에는 반도체 회사와 회의하며 웨이퍼, 적층 구조, 파운더리 등의 용어를 한글과 영어로 통역했다가, 오후에는 바이오 회사 프로젝트 자료에 나오는 체외 진단, 임상3상 결과를 번역해야 하는 식이었다.

회사 일이 별 무리 없이 진행되고 팀원들도 문제를 일으키지 않을 때는 감사함이 깃들었다. "이 돈을 받으며 이렇게 좋은 회사를 맘 편히 다닌다니 얼마나 감사한가!"

반면 식욕이 증발할 정도로 고난도의 스트레스를 받는 통역 상황이 되거나, 이미 앞으로 한 달치 번역 업무가 다 차버린 상황이 되거나, 팀 내에서 문제가 생기면 '내가 지금 이 돈 받으면서 뭐 하나. 돈의 노예가 되어 인생을 허비하고 있네.'라는 생각이 고개를 쳐들었다.

베인앤드컴퍼니 소속 통역사로 있으면서 스카웃 제의도 여러 번 받았고 이직할 기회도 있었지만 나는 회사에 머물렀다. 업무 강도가 세고 스트레스 레벨이 높은 건 사실이었지만, 새로운 곳에서 나를 다시 증명해 보이는 것은 상당히 귀찮은 일이었다. 업무에 대한 압박감과 스트레스를 제외하고는 큰 불만이 있었던 것도 아니었다. 자율성을 보장해 주었으며, 워낙 똑똑한 사람들이 많이 모인 곳이라 배울 점도 많았다.

감사할 줄 아는 마음, 긍정의 마음은 반드시 필요하다. 하지만 이를 과용하다 보면 더 나아지는 것을 추구할 수 있거나 추구해야 하는 상황에서 현실에 안주하게끔 나를 끌어내린다. 나는 긍정과 감사라는 허울 좋은 말 뒤에 숨어 자기합리

화를 계속했다. 직장 동료들도 비슷한 마인드였기 때문에 서로 수긍하고 동의하면서 위로를 받았다. 하지만 결론은 늘 같았다. '지금 상황에 감사하자'.

질문 자체가 잘못되었다

주변 친구들의 반응도 한결같았다.

"네가 얼마나 어렵게 길을 닦았는데, 왜 나와!"
"다들 거기 들어가고 싶어서 안달인데, 왜 남 좋은 일 해! 은퇴할 때까지 있어."

지금 생각해 보면 질문 자체가 잘못되었다. 직장이 최고, 안정이 최고라는 믿음을 가진 무리에게 "안정을 좀 깨 보면 어떨까?"라는 질문을 했으니 말이다. 다른 답이 나올 리 만무했다.
결국 나는 회사의 이름값과 '쉽게 관두기에는 애매하게 많지만 부자가 되기에는 부족한' 월급을 희생하지 못해 또 다시 불행과 압박의 굴레에 스스로를 던져 넣었다. 이렇게 나는 나의 시간과 젊음을 월급과 맞바꾸고 있었다. 나의 가치를 내가 매기는 것이 아니라 외부에서 매기도록 맡겨 둔 채로 말이다.

내가 나를 고용하고 모든 걸 주체적으로 창조하는 완전히 다른 세계로 넘어와 보니 그제서야 보였다. 누군가 나에게 팔 한쪽을 살 테니 달라고 하면 얼마를 요구하겠는가? 내 다리 한쪽을, 내 눈 한 쪽을 달라고 한다면? 돈을 받으면 팔 것인가? 얼마를 책정할 수 있는가?

우리는 돈으로 살 수 없는 존재다. 우리를 구성하는 장기 하나하나, 세포 하나하나, 영혼과 믿음, 신념은 돈으로 환산할 수 없고 그 무엇과도 바꿀 수 없다.

인간의 능력에는 한계가 없어서 우리는 상상하는 것을 모두 만들어 낼 수 있다. 현대사회가 그렇지 않은가. 100년 전에는 공상과학 영화에나 나왔던 것들이 지금은 현실이 되었다. 나의 능력, 나의 가치에 스스로 한계를 두지 않았으면 좋겠다. 나의 월급이, 나의 수입이 나의 가치라고 오해하지 말기를 바란다. 일이 내 인생의 전부가 아니듯, 돈이 삶의 전부가 아니다.

나의 한계를 넘어서는 법

나의 가치는 오로지 나만이 정할 수 있으며 나를 갈고 닦을수록 그 가치는 더 커진다는 믿음이 생기면 새로운 세계가 펼쳐진다. 이전과는 전혀 다른, 완전히 다른 세계 말이다. 나는 더 이상 나의 가치에, 나의 잠재력에 한계를 두지 않는다. 한계를 벗어나기 위해서 나는 스스로를 하찮고 모자란 존재라고 생각하는 습관을 버렸다.

"너는 부족한 아이야."
"네가 하는 게 그렇지 뭐."
"그건 특별한 사람이나 하는 일이라 너는 못 해."

이런 메시지를 평생 듣고 살았는가? 스스로를 부족하고

한심하게 생각하고 있는가? 하지만 이는 사실이 아니다. 그저 주입된 믿음일 뿐이다.

나의 약점과 부족함을 보지 말고 나의 강점과 잘하는 것을 주시하자. 그리고 매일 조금씩 나아진다는 생각으로 부족한 점을 보완하자. 있는 그대로의 나를 받아들이고 아낄 줄 알게 되면 지금은 보이지 않는 기회 속에 풍요로움이 찾아올 것이다. 나의 가치는 다른 사람이 재단하는 것이 아닌, 내가 만들어 가는 것임을 경험하게 될 것이다.

이렇게 한번 경험을 하면 작은 믿음이 생기고, 이를 반복하면 그 믿음이 단단해진다. 내가 소유한 자산이나 물건에 나를 가두지 않는 자유로움과 풍요로움을 느끼게 될 것이다.

Note to self

나는 나를 얼마짜리라고 생각하는가? 나의 가치를 업그레
이드하기 위해 내가 할 수 있는 세 가지는?

_____

_____

_____

_____

_____

_____

_____

_____

_____

일을 덜 하면 행복해질까

⎯⎯◦ 몸은 회사에 그리고 노트북 앞에,
마음은 퇴근 시간 또는 주말에.
나는 늘 현재를 즐기지 못하고 흘려보냈다.

과거에는 신격화했던, 그러나 지금은 참 애처로운 단어가 하나 있다. 바로 워크라이프밸런스work-life balance.

회사에 소속되어 일하는 통역사의 하루는 일반 직장인과 크게 다를 바 없었다. 9시에 맞춰 사무실로 출근해 노트북 전원을 켜고, 노트북이 부팅되는 막간에 커피 한 잔을 내려 책상에 앉는다. '제발 몇 개 없어라!' 간절한 주문을 외우며 사내 이메일용으로 사용하는 마이크로소프트 아웃룩을 연다. 밤사이 도착해 아직 읽지 않아 볼드 처리된 제목의 이메일이 주르륵 뜬다.

이메일을 확인함에 따라 내 감정은 롤러코스터를 탄 듯 요동친다. 메일이 몇 개 없으면 내적 환호를 지르지만, 한 바닥 넘게 검은 글씨가 모니터를 꽉 채우면 침울해진다. 물론 섣부르게 판단하면 안 된다. 메일 하나에 몇백 장짜리 번역 의뢰가 오기도 하고, 수십 통의 메일이 다 한두 장짜리 가벼운 번역일 때도 있기 때문이다.

감정 따위로 일희일비할 시간도 사치다. 나는 빠른 속도로 각 의뢰건의 분량과 일정을 확인한다. 컨설팅은 업계 특성상 모든 일들이 빠른 템포로 진행되기 때문에 번역 의뢰 건도 보통은 당일 완성, 길어 봤자 1~2일 기한으로 진행된다. 온 신경을 집중해 기존 예약 건과 향후 계획을 감안해 회신 메일을 쓰고, 필요에 따라서는 기한과 분량 등을 추가 조정하는 작업을 거친다.

확정된 업무를 각 팀원의 기존 일정과 개인별 장단점을 고려해 일사분란하게 배분하면 하루 업무가 본격적으로 시작된다. 나는 통번역팀 팀장을 맡고 있지만 실무 업무에서 자유로운 건 아니다. 컨설턴트들이 밤낮 가리지 않고 고강도의 업무량을 견디며 일을 하는 상황에서 통번역 업무라고 여유가

있을 리 만무했다. 야근하지 않고 제때 퇴근하려면 업무 시간
에 정신을 바짝 차리고 일해야 했다.

워라밸의 진정한 의미

통역사로 일하다 보니, 아니 더 정확하게는 업무 강도가
높은 회사에 소속되어 일하다 보니 의미와 재미는 사라진 지
오래였다. 어느 순간부터 나는 일요일 오후가 되면 급격히 우
울해졌고, 금요일만 바라보고 살았다. 출근한 순간부터는 최
대한 빨리 일을 끝내고 퇴근하는 것에 모든 초점이 맞춰져 있
었다. 이걸 그럴 듯한 용어로 표현한 것이 '워크라이프밸런
스'다. 실제로 워크라이프밸런스는 모든 이의 관심사 중 하나
였다.

'워크와 라이프의 밸런스를 찾는다'는 말에는 일과 삶은
대치되는 개념이라는 의미가 내포되어 있다. 일을 많이 할수
록 삶이 줄어들고, 일을 적게 할수록 삶을 누리는 것이라는 공
식이니까 말이다. 즉 일은 재미없는 것, 최대한 줄이면 좋은

것, 그러지 못하면 억울한 것이라는 의미가 내포되어 있다.

사실 회사를 다닐 때는 워크라이프밸런스의 의미에 대해 고민해 본 적도 없었다. 직장인이라면 늘 입에 달고 사는 단어였고, 당연히 일을 줄이고 일 외의 시간을 늘리는 것은 모든 직장인이 바라는 것이었으니 말이다.

퇴사 후 내가 진정으로 좋아하는 일을 하면서야 비로소 깨달았다. 내가 미칠 수 있는 분야를 찾으면 일이 바로 삶이라는 것을. 누가 하라고 하지 않아도 어느새 또 일을 하고 있다는 것을. 그리고 이것이 가장 행복한 시간이 된다는 것을.

'나는 관두고 싶은데 용기가 없어서'
'돈을 벌어야 해서'
'다들 이렇게 사니까'
'이 정도 회사면 처우가 좋지'
'나는 그래도 돈을 많이 받는 편이니까'

일을 하기 싫은데 억지로 하는 이유가 돈이라고 하면 일을 하는 것 자체가 괴롭다. 나의 시간과 노력을 보상하기에 월급은 늘 충분치 않았다. 대가를 바라면서 일을 했기에 그에 따른 보상의 크기는 아무리 커도 만족 이하였다. 몸은 회사에 그리고 노트북 앞에, 마음은 퇴근 시간 또는 주말에. 나는 늘 현재를 즐기지 못하고 흘려보냈다.

행복은 늘 미래에 있었고 현재는 늘 불만족스러웠다. 내가 빠진 삶을 살다 보니 일하지 않는 시간에 이를 보상하고자 하는 심리는 날로 커졌다. '퇴근하고 뭐하지?'는 내 일생일대 최대의 고민이자 질문이었다. 동료들도 비슷한 감정선을 공유했기에 직장인이란 원래 이런 것이라고 생각했다. 워낙 주어진 일을 비판 없이 받아들이고 충실히 수행하면서 살았던 나는 불편한 마음을 묵묵히 견딜 뿐 이에 크게 저항할 줄도 몰랐다.

Note to self

나에게 워크라이프밸런스란? 일을 하고 있다면, 나는 일이
즐거운가? 아니면 이는 무엇을 위해 희생하는 시간인가?

_____

_____

_____

_____

나는 어떤 보상을 스스로에게 해 주는가?
이 보상은 어떤 마음으로 하는가?

_____

_____

_____

_____

죽음 앞에서 멋진 삶이고 싶어서

—⟟ 이제는 내가 하고 싶은대로,
내 생각대로 살아도 되지 않을까?
반항심인지 주체성인지 모를
그런 의지가 솟아올랐다.

특별할 것 없는 건강검진이었다. 강철 체력은 아니지만 지병이나 특별히 아픈 곳은 없었기에 매년 건강검진 결과도 무난했다. 하지만 2017년은 달랐다. 자궁 정밀검사가 필요하다는 결과였다. 검진센터와 연계된 대학병원에 검사 예약을 하고 조직검사를 받았다.

결과는 좋지 않았다. 조직 검사 결과 나는 자궁경부 이형성증 진단을 받았다. 바이러스로 인해 자궁경부의 세포와 조직이 비정상적으로 변형되어 있었다. 자궁경부 이형성증은 진행 상태에 따라서 정상부터 1단계, 2단계, 3단계로 구분되는데 3단계에서 더 진행되면 자궁경부암이 되는 것이다. 나는 이 중 3단계였다.

의아했다. 분명 1년 전 건강검진에서는 아무런 이상이 없었다. 나의 생활 패턴이나 환경이 특별히 바뀐 것도 없었다. 1년이라는 짧은 기간에 이렇게 변화가 있다니. 어떤 이유로든 건강검진을 건너 뛰었다면? 올해가 아니고 몇 년 뒤에 검진을 받았다면? 결과는 얘기하지 않아도 예상할 수 있다. 나의 몸은 알게 모르게 혹사당하고 있었던 것이다. 다행히 이상 병변 부위를 잘라내는 원추절제술로 나는 무사히 고비를 넘겼다.

이 일을 겪으면서 나는 태어나서 처음으로 죽음에 대해 진지하게 생각해 보게 되었다.

'내가 지금 갑자기 3개월밖에 못 산다는 시한부 선고를
받는다면 어떨까?'
'내 인생을 잘 살았다고 이야기할 수 있을까? 아니면 후회로
가득할까?'

'나는 좋은 사람이었다는 평가를 받을 수 있을까?'

'나는 의미 있는 삶을 살았을까?'

이런저런 생각 끝에 결론이 났다. 지금처럼 살다가 죽는다면 나는 내 인생을 후회할 것 같았다. 무엇보다 매일 참을 인忍자를 그리며 회사를 다니고, 남 눈치 보느라 정작 내가 하고 싶은 것과 내가 생각하는 것을 제대로 표출하지 못하는 지금의 삶은 결코 죽음 앞에서 멋진 인생이었다 말할 수 없을 것 같았다. 변화가 절실했다.

모든 위기에는 기회가 숨어 있다

암에 걸린다. 좋은 일인가? 나쁜 일인가?

99퍼센트의 사람들은 한 순간의 망설임도 없이 나쁜 일이라고 얘기할 것이다. 건강에 적신호가 켜지고, 고통을 겪고, 일상에 타격을 입고 수술을 받게 될 때 이를 잘되었다고 기뻐하거나 축하하는 이는 아무도 없다. 안타까워하고 슬퍼

하고 걱정하는 일이 된다.

암 직전의 세포 이상을 발견했을 때 나는 지금까지 느껴보지 못한 두려움을 느꼈다. 나도 암에서 자유롭지 못하다는 사실, 나도 건강을 잃을 수 있다는 사실, 더 큰 병에도 걸릴 수 있다는 사실, 그리고 이것이 사전에 경고 없이 슬쩍 찾아온다는 사실이 두려웠다. 배신감도 들었다. 억울하기도 했다. 두려움과 걱정에 휩싸인 마음은 더 큰 두려움과 걱정을 가지고 왔다.

꼬리에 꼬리를 무는 걱정들에 압도당하고 있을 수만은 없었다. 암을 유발하는 요인들과 이를 경감시키는 방법 등을 열심히 찾아보고 공부했다. 몸이 아픈 것은 이미 발생한 일이었고 상황에 대응만 할 뿐 바꿀 수 있는 건 없었다. 그래서 좋게 생각하기로 했다. 내가 컨트롤할 수 없는 것은 버리고 내가 컨트롤할 수 있는 것에만 집중했다.

암 발생은 내가 컨트롤할 수 없다. 진단 후 나락으로 떨어질 것인지 전화위복을 삼을 것인지는 전적으로 나의 선택이고 결정이다. 이전과 똑같은 생활 습관을 유지할지, 아니면 엄격한 원칙 하에 새로운 생활로 고통스러운 변화를 추구할

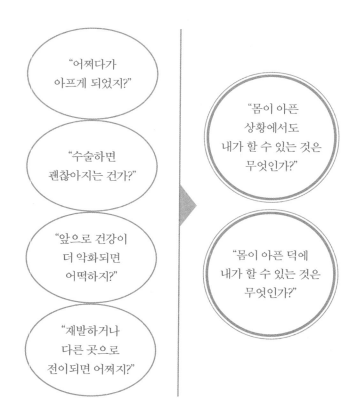

것인지는 본인의 몫이다.

　우리는 인생을 살면서 크고 작은 위기를 늘상 겪는다. 지하철을 반대 방향으로 타서 중요한 미팅에 늦는 것부터 사업이 망하는 큰 위기까지. 그리고 이런 위기, 또는 문제는 죽기 전까지는 끊임없이 생겨나고 사라진다. 삶은 문제의 연속이기 때문이다. 하지만 문제는, 내가 문제라고 인정하기 전까지는 문제가 아니다. 그저 하나의 중립적인 사건일 뿐. 여기에 위기라는 딱지를 붙일지, 기회라는 딱지를 붙일지는 견출지와 펜을 들고 있는 나의 결정이다. 문제가 나를 집어삼키게 내버려 두지 않고, 평정심을 유지하며 현명하게 대응할 때 나는 그만큼 큰 사람이 된다.

이전과 다른 삶을 살기로 했다

나는 늘 내 인생의 운전석을 다른 사람에게 내주었다. 어린 시절에는 부모님(특히 엄마)에게, 학창 시절에는 선생님과 친구들에게, 사회 생활을 시작하고 나서는 회사와 사회, 직장 동료들에게. 내 생각보다는 이들의 생각이 더 궁금했고 이를 만족시키기에 바빴다. 이제는 내가 하고 싶은 대로, 내 생각대로 살아도 되지 않을까? 반항심인지 주체성인지 모를 의지가 솟아올랐다.

나에게 일어난 이 큰 사건은 잔잔히 가라앉아 있던 바다에 파장을 일으키는 첫 돌을 던진 셈이었다. 절망감과 슬픔을 안겨 주었던 이 사건으로 인해 나는 결과적으로는 많은 것들을 얻었다.

회사 생활을 진지하게 고민해 보는 시간을 가졌고, 건강에 관심을 가지게 되었으며 생활에 작은 변화들을 실천했다. 나를 우선시하고 아끼는 마음을 가질 수 있게 되었다. 잊고 있던 매사에 감사하는 마음도 되찾았다.

물론 이전과 다른 방식으로 사는 것이 처음에는 쉽지 않다. 부정적인 감정의 소용돌이에 휩싸이고, 감정 소모를 하고, 더 그릇된 판단을 내리기도 한다. 그래서 노력과 연습이 필요하다. 한번에 1퍼센트씩, 조금씩이라도 나아져 보기. 이번에 아쉬웠다면 다음에 또 해 보기. 포기하지 않고 꾸준히 반복하다 보면 부정적인 감정 속에 지내는 시간이 조금씩 짧아지고 평정심을 유지하는 시간이 조금씩 길어진다. 이렇게 조금씩 생각의 회로를 바꾸면 나는 다른 사람이 된다.

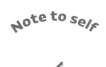

Note to self

지금 내가 죽음의 문턱에 서 있다면 가장 후회할 일은 무엇
인가?

_____

_____

_____

위기인 것으로 보였던 일이 지나고 보니 기회였던 적이 있는
가?

_____

_____

_____

_____

비워야 채울 수 있다

내 손에 가득하게 쥐고 있는 것들 중
비우면 더 좋은 무언가가 가득 찰 것 같은
예감이 드는 것은 무엇인가?

몸이 날래고 빠른 원숭이를 잡으려면 많은 인원이 필요할 것이라 생각하기 쉽다. 하지만 여기 혼자서도 원숭이를 잡을 수 있는 손쉬운 방법이 있다.

입구가 좁은 통에 원숭이가 좋아하는 먹이를 넣어 둔다. 먹이를 먹기 위해 다가간 원숭이는 함정에 손을 넣어 먹이를 움켜쥔다. 하지만 입구가 좁아서 먹이를 손에 쥐고서는 손을 뺄 수가 없다. 함정을 설치한 사람이 다가와도 원숭이는 먹이를 놓지 못해 낑낑거린다. 먹이를 놓고 재빠르게 도망가면 되는데 그걸 하지 못한 원숭이는 결국 사냥꾼에게 잡히고 만다.

한번 손에 쥔 것을 내려놓는 건 결코 쉬운 일이 아니다. 내 손에 쥔 것이 최선이 아닐지라도, 흡족하지 않더라도 그것을 놓는 건 또 다른 문제이다. 텅 빈 손보다는 덜 허전하니까, 그래도 무언가를 쥐고 있기는 하니까.

회사 밖의 삶을 꿈꾸었다. 하지만 회사 이름을 버리기는 싫었다. 직장인이 아닌 삶을 꿈꾸면서도 안정적인 월급은 놓치기 싫었다. 돈이 많기를 바랐지만 죽도록 노력하기는 싫었다. 아무에게도 방해받지 않는 삶을 원하면서도 다른 사람의 인정은 받고 싶었다. 건강하게 오래 살고 싶지만 눈앞의 치킨과 맥주는 거부하기 싫었다.

회사는 내가 힘껏 움켜쥐고 있던 가장 큰 것이었다. 나의 학벌, 경력, 전문성, 자존심의 집합체였다. 억대 연봉을 받을 수 있는 신의 직장을 나오게 된 계기가 무엇이었는지에 대해 자주 질문을 받는다. 언뜻 보기에 납득이 안 되는 선택으로 보일 수도 있겠다. 실제로 퇴사 의사를 밝혔을 때 이를 적극 지지해 주는 사람은 한 명도 없었다. 아니, 열이면 열 적극적으로 뜯어말렸다.

잔잔한 바다에 밀려온 파도

나는 사회적 통념을 거스르는 사고방식이나 행동을 두려워하던 사람이다. 늘 가장 순종적이었고 많은 이들이 걸어가는 대로의 정중앙을 앞장서서 성실하게 걷던 사람이었다.

그런 내가 퇴사를 결단하고, 내 삶의 기반이 된 신념을 전면 거부하며 새로운 세상으로 넘어온 데에는 당연히 강력한 계기가 있었다. 계기라고 하면 보통 강력한 한 방을 기대하지만 그런 건 아니었다.

이 계기는 파도처럼 겹겹이 다가왔다. 처음에는 가볍게 찰싹, 나를 때리고 가는 듯하더니 시차를 두고 한 번 더 때리고 갔다. 파도는 우유부단하고 쉽게 만족하고 안주하던 나의 성격을 아는 것처럼 천천히 포위망을 좁혀 왔다.

첫 번째 파도, 암 진단이다. 41세에 자궁경부암 0기 진단을 받은 나는 태어나서 처음으로 죽음에 대해 진지하게 생각해 보게 된다. 열정도 목표도 없이 좀비처럼 하루하루를 살아내고 있던 나는 죽음 앞의 내가 이 시간을 어떻게 바라볼까 생각해 보았다. 손에 쥔 것을 놓는 것이 두려워 허비한 삶이 후회될 것 같았다.

두 번째 파도, AI의 등장이다. 『김미경의 리부트』에서 작가는 통역과 번역에 대해 이렇게 말한다. '통역과 번역은 10년 내에 사라질 직업'이라고. 통역과 번역은 AI가 급속히 대체하고 있는 직업 중 하나이다. 특히, 고비용에 많은 시간이 걸리는 업무라 AI로 대체했을 때 큰 효율이 있는 분야이다. 이미 대체는 시작된 상태라고 본다.

세 번째 파도, 새로운 수입원에 대한 고민을 시작했다. 『부자 아빠 가난한 아빠』를 읽으며 세상에는 다양한 돈 버는 방법이 존재하며 직장인은 노동과 시간을 돈과 바꾸는 노동 수입을 얻는 것이라는 것을 깨닫게 된다. 반대로 사업가는 권리 수입이라는 다른 형태의 돈을 번다는 것을 깨닫고, 특히 노동력으로 돈을 벌 수 있는 나이를 초과해 훨씬 오래 살아야 하는 고령화 시대에 새로운 형식의 수입원이 필요함을 깨닫는다.

네 번째 파도, 온라인이라는 새로운 길을 발견했다. 지금까지 내가 일할 수 있는 곳은 회사밖에 없었지만 온라인에는 수십, 수백, 수만 가지의 무궁무진한 기회가 있었다. 지역 제한도 연령 제한도 경력 제한도 없었다. 지금이 아니어도 10년 뒤에 퇴사할 것은 분명했다. 어차피 시작해야 할 것이라면 지금 시작하는 것이 나았다. 실패해도 큰 리스크는 없으니 온라인을 통해 좋아하는 것을 해 보자는 마음이 들었다.

움켜쥔 것을 버릴 용기

용기를 냈다. 우선 1년 휴직을 하기로 했다. 내가 아니면 안 된다는 생각을 가지고 회사를 다녔는데, 내가 없어도 너무 멀쩡히 잘 돌아감을 확인했다. 나 역시 회사가 없어도 괜찮았다. 되돌아가지 않고 퇴사했다. 앞으로 살아온 날보다 살아갈 날이 더 많으니, 미래를 준비해야겠다고 다짐했다.

더 좋은 무언가를 얻기 위해선 지금 손에 꼭 쥐고 있는 것들을 내려놓아야 한다. 버릴 줄 알아야 한다. 나의 욕심을 채우기 위해 한 손 가득 움켜쥔 것들이 있는가? 내 손에 가득하게 쥐고 있는 것들이 무엇인지 들여다보자. 이 중에 비우면 더 좋은 무언가가 가득 찰 것 같은 예감이 드는 것은 무엇인가?

Note to self

내 욕심으로 미처 버리지 못하는 것은 무엇인가?

자유로운 삶을 위해 내가 버린 것

───⟡ 나를 둘러싼 틀이 증발하면서
나의 주도성도 같이 증발해 버렸다.

마법의 봉으로 호박을 치면 순식간에 마차로 변하듯 퇴사
라는 마법을 부리면 나의 삶은 드라마틱하게 변할 줄 알았다.

보이지 않는 쇠사슬에 묶인 듯 나를 무기력하게 만들던
직장에서 벗어났으니 몸과 마음이 깃털처럼 가벼워질 것이라
생각했다. 누군가의 업무 요청 이메일 한 통으로 향후 몇 시
간에서 몇 주의 내 삶이 정해지는 일이 없으니 하루하루를 알
차고 주체적으로 사용할 것이라 기대했다.

상상 속의 나는 더 빛나고 얼굴에 활력이 넘쳤고, 당당하

지만 동시에 겸손한 말투와 행동을 지녔고, 카리스마 있으면서도 따뜻한, 더 훌륭한 와이프이자 더 든든한 엄마, 멋진 예비 사업가였다.

그동안 못했던 운동으로 건강도 챙기고, 온 집안을 윤이 나게 깨끗이 쓸고 닦으며 예쁜 접시에 집밥도 부지런히 해 먹었다. 동네 엄마들과도 더 잘 어울리고, 그동안 회사에서 쌓은 내공으로 프로답게 열정적으로 일도 하면서 말이다. 매일 작은 성공들을 하며 쭉쭉 성과가 날 줄 알았다.

무기력의 끝판왕

현실은 냉혹했다. 모든 것이 상상과 반대로 돌아갔다. 밤 사이 숙면을 취하고 충전된 마음과 몸으로 활기차게 아침을 시작하기는커녕 취침 전까지 붙들고 있던 스마트폰이 나뒹구는 침대에서 아들 등교 준비를 위해 겨우 일어났다.

세상에서 가장 무기력하고 귀찮은 모습으로 옷가지와 준비물 등을 챙겨 주고 아이가 엘리베이터를 타는 순간 자석에 끌리듯 침대로 다시 들어갔다. 대부분은 다시 잠을 잤고, 아니면 스마트폰을 보면서 하염없이 누워 있었다. 너무 배가 고프거나 화장실을 가야 할 때 일어났다. 너무 누워 있어서 뒤통수가 아프다 못해 납작해지는 것 같아도, 허리가 아파서 누워 있기 괴로울 지경이라도 꾸역꾸역 누워서 시간을 보냈다.

처음에는 모자라는 잠과 쌓였던 피로를 보충하는 거라고 생각했다. 대학원 졸업 직후 취직을 하고 결혼과 출산을 거치며 워킹맘으로 아이를 키우면서 쭉 일해 왔기에 피로가 누적되었을 것이고 그걸 해소하는 시간이라고 생각했다. 그러나 한 달이 지나고 두 달이 지나도 개선될 기미가 보이지 않았다. 그리고 단순한 피로라고 하기에는 우울감 같은, 나를 땅속으로 끌어당기는 듯한 무거운 감정이 늘 함께 있었다.

자유와 무질서 사이에서

모든 면에서 나는 한심하게 시간을 버리고 있었다. 머릿속으로는 이러면 안 된다는 걸 알면서도 몸은 따로 놀고 있었다. 무기력해 보이고 무질서해 보이는 이 생활을 6개월 넘게 이어갔다. 아이를 학교에 보내는 것, PT 레슨을 받으러 가는 것, 친구를 만나기 위해 나가는 것, 식사 때가 되면 밥을 하는 것 등 나는 외부 요인으로 움직임을 강요받았을 때만 움직이고 있었다. 자발적인 의도와 계획을 가지고 주도적으로 하는 일은 거의 없었다.

사실 나는 내가 주도적인 사람이라고 생각하고 살아왔다. 학교에서는 모범생이었으며 회사에서는 최고 성과를 내는 우수 성과자였다. 일도 하면서 아이 학교에서 활동도 활발히 하는 슈퍼맘이었다. 하지만 나를 둘러싼 틀이 증발하면서 나의 주도성도 같이 증발해 버렸다. 아니, 사실은 증발할 주도성 자체가 애당초 없었던 것은 아니었을까? 지금 생각해 보면 내가 속한 곳에서 주어진 일을 성실히, 열심히 하는 것을 주도적인 사람의 특징이라고 착각했던 것 같다.

오늘 하루를 어떻게 보낼지 아무도 알려주지 않고 요구하지 않는 상황에서 나는 허둥대고 있었다. 내가 원했던 자유로운 삶, 주도적인 삶을 살려면 뼛속까지 깊게 새겨져 버린 수동적인 삶을 벗어 버려야 했다.

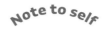

Note to self

나는 주도적인 사람인가? 수동적인 면이 있다면 이 중에
고치고 싶은 것은?

_____

_____

_____

_____

_____

_____

_____

_____

_____

인생의 위험 신호가 되는 감정들

'내' 인생임에도 불구하고 나는 그 중심에 없었다. 모든 면에서 그랬지만, 하루 중 가장 많은 시간을 보내는 일에서도 그랬다. 나는 빠진 채 외부의 요인들 때문에 하는 일은 다음의 감정만 안겨주었다.

▶ 권태 – 일은 재미없는 것

'일은 당연히 재미없는 거 아냐?'라고 생각할지 모르겠다. 나도 그런 줄 알았다.

그리고 주변에는 일은 재미없는 것이라는 믿음을 안고 사는 사람들로 가득했다. 직장 동료, 대학 대학원 동기, 부모님, 여동생, 남동생 모두 그랬다(완전 반대의 세상이 동시에 존재한다는 사실은 이후에 알게 된다).

나는 어릴 때부터 외국어를 좋아하고 새로운 언어에 관심이 많았다. 하지만 통역을 잘하려면 언어를 좋아하는 것과 별개로 다른 자질이 필요했다. 바로 순발력과 말센스다. 말로 하는 직업이라 목소리와 전달력이 좋으면 더욱 좋았다. 나는 다행히도 이러한 재능을 갖고 있었다. 좋아하고 잘하는 일을 18년간 할 수 있었던 것은 과분한 축복이었다.

하지만 나를 힘들게 했던 부분은 너무 빠르게 돌아가는 회사 생활과 끊임없이 공부하고 따라가야 하는 통역 일정이었다. 이 부분은 회사의 특성이었고 내가 어떻게 할 수 있는 것이 아니었다. 연차가 쌓인다고 쉬워지는 부분도 아니었다. 이 회사에서 일하려면 운명처럼 받아들여야 하는 부분이었다.

회사를 관두지 않는 이상 나는 일에 재미를 잃고 스트레스가 반복될 수밖에 없는 상황이었다. 내가 좋아하고 재능이 있는 분야에서 일을 하고 있었지만 나는 점점 일에 대한 애정을 잃어가고 있었다.

▶ 무기력 – 오늘의 목표는 정시퇴근

출근을 하면서 동시에 퇴근을 기다리는 마음이다. 9시에 자리에 앉으며 마음으로는 이미 6시 카운트다운이 시작된다. 그렇기 때문에 하루를 활기차고 기대되는 마음으로 시작하지 못했다. 나의 하루는 저녁 6시에 시작되었다고 하는 것이 더 정확한지도 모르겠다.

회사원 시절의 나는 주어진 일 자체에 몰입하고 즐기기보다는 별 문제없이 기한에 맞춰 일을 끝내는 것에 온 신경이 집중되어 있었다. 정신없이 하루를 보내고 6시에 노트북 전원을 끄면서 비로소 안도와 환희의 한숨을 내쉬었다.

퇴근 후 상사나 팀원 연락이 오면 기분이 언짢아졌다. 오늘 하루도 원하지 않는 일을 하면서 견뎠는데 그 감정을 이어가야 하는 상황이 생기면 화를 내기도 하고 짜증을 내기도 하며 격하게 반응했다. 어떨 때는 무기력감을 느꼈다. 정신적으로 신체적으로 저항감을 하루 종일 느꼈기 때문에 퇴근 후에는 기진맥진했다. 아무것도 하고 싶지 않고 그저 쉬고 싶었다. 버려진 시간을 보상 받고 싶었기 때문이다.

재밌는 영화나 드라마를 볼 때 우리는 시계를 보지 않는
다. 나랑 쿵짝이 잘 맞는 친구를 만났을 때도 그렇다. 시간이
빨리 갔으면 좋겠다고 생각하는 이유는 과정을 즐기지 못하기
때문이다. 지금 이 순간을 음미하며 즐기는 삶이 아닌, 즉각적
인 즐거움이나 결과만 바라는 삶을 살고 있지는 않은지 체크해
보자.

▷ 공상 – 로또를 꿈꾼다

모두 한번쯤은 로또 당첨을 꿈꿔 봤을 것이다. 일이 즐겁지
않은 사람은 특히나 그러한데, 그 이유는 빨리 이 일을 그만두
고 싶기 때문이다.

조기 은퇴를 꿈꾸는 사람들, 그리고 요즘 용어로 얘기하면
'경제적 자유'를 꿈꾸는 직장인들이 많다. 내가 노동을 하지 않
아도 꾸준히 돈이 들어오고, 돈 때문에 불편하거나 불행한 일이
없도록 경제적 자유를 이루는 것은 좋은 일이다. 문제는 지금
하고 있는 일을 그만두기 위해 경제적 자유를 꿈꾸는 사람이 많
다는 점이다. 생각해 보면 참 슬픈 일이다.

결국 이런 감정들은 인생이라는 나의 무대에서 나를 제외시키고 있었다. 나는 내 삶의 주체가 아닌 타인의 한마디에 휘둘리며 수동적으로 반응하는 사람으로 살았다.

나의 하루는 듣고 싶지 않은 알람을 겨우 끄고 무거운 몸과 마음으로 침대를 빠져나오며 시작되었다. 출근 시간은 기대의 대상이 아닌, 지각만 면하면 되는 숙제 같은 것이었다. 잠깐의 수다와 맛있는 음식이 기다리는 점심을 제외하고는 기대되는 것이 없었다. 그저 오늘 하루 무탈하게 지나가면 그만이었다.

끌려다니는 삶은 많은 정신적·육체적 에너지를 요구했다. 그 당시 내 일상을 한 단어로 정의하라면 '견딘다', '노력한다', '버틴다'와 같은 단어로 표현할 수 있을 것이다. 오늘은 즐겁고 기대되는 하루가 아니었다. 내일이 더 나아질거라는 희망은 없었다.

2부

인생의
전환점을 만나다

나는 1년에 책 한 권도
읽지 않는 사람이었다

───⟜ 이런 나라도 하루 1시간도 아니고
하루 10분 독서는 할 수 있을 것 같았다.

호기롭게 퇴사는 했으나 갑자기 불투명해진 미래에 대한 불안감이 고개를 이따금씩 쳐들었고, 이를 딱히 어떻게 다스려야 할지 몰랐던 나는 유튜브에 '불안감', '실패하지 않는 방법', '우울증' 등을 검색하고 추천으로 올라오는 법륜 스님, 김미경 강사, 김창옥 강사 등의 강의를 많이 들었다. 뒤집어 보면 결국 같은 말인 '성공', '부자', '행복' 등의 단어도 있는데, 이런 단어는 검색하지 않았다. 너무 노골적이고 천박한 단어라고 생각했기 때문이다.

우연히 팔로우하게 된 인스타 채널

인스타그램에서도 동기부여나 위로가 되거나 깨달음을 주는 명언들을 위주로 보곤 했는데, 우연히 영어로 명언을 올리는 계정을 발견했다. 멋진 명언을 접하면서 영어 실력도 유지할 수 있다는 점이 매우 매력적으로 다가왔다. 나는 이 계정을 팔로우하고 매일 올라오는 명언을 마음에 하나씩 새기며 마음을 다잡는 데 많은 도움을 얻었다.

나중에 알고 보니 이 여성분은 유럽에서 도시락 사업으로 자수성가한 한국인 여성 사업가인 켈리 최였고 코로나 기간에 한국에 머물며 인스타그램으로 동기부여 콘텐츠를 발행하고 있던 것이었다.

그러던 어느 날 이 계정에서 영어 번역 자원봉사자를 모집한다는 글을 보게 된다. 한국어로 발행되는 콘텐츠를 번역하는 일을 도와줄 사람들을 모집하는 글이었다. 순간 관심을 가졌던 나는 금세 잊어버리게 되는데, 켈리 최 계정을 같이 구독하고 있던 혜선 언니에게서 연락이 왔다.

"유정아, 이거 네가 해 보면 정말 좋을 것 같아!"

혜선 언니의 추천으로 지나쳤던 공지를 다시 살펴보게 되었고, 명언으로 도움을 받았던 계정이기에 지원을 하지 않을 이유가 없다는 생각이 들었다. 그리고 운이 좋게 합격까지 하게 되었다.

이때가 2020년 8월이었다. 코로나가 한창인 시기라 모든 회의와 만남은 온라인 회의 프로그램인 줌Zoom 미팅으로 이루어졌다. 켈리 최 회장님은 아이디어를 내고 이를 거침없이 추진하며 리더들을 이끌었다. 말 한마디 한마디에 힘이 실려 있었지만 위압적이거나 강압적이지 않았고, 확신과 긍정의 힘이 느껴졌다. 팀원들 역시 뛰어난 의사소통 능력을 가지고 있었으며 건설적인 자세로 봉사에 임했다.

봉사자들은 발행될 콘텐츠를 영어로 번역하고 이를 카드뉴스 형태로 제작했다. 이뿐 아니라 카드뉴스를 더 보기 좋게 만드는 방법, 더 많은 사람들에게 본 계정을 알릴 수 있는 이벤트 아이디어 등 다양한 아이디어를 내면서 꽤나 활발한 활동을 했다. 원격으로 일을 처리하고 온라인 콘텐츠를 발행하다 보니 어느새 나는 다양한 프로그램을 자유자재로 사용하고 있었다.

참가자들은 한국, 영국, 호주 등 다양한 국가에 살고 있었고, 나이와 직업도 다양했다. 켈리 최 회장님과 직접 미팅을 하는 시간도 가졌다. 회사에서 통번역 일을 할 때에는 독립적으로 일을 할 때가 많아 번역 봉사도 마찬가지로 독립적인 활동을 예상했는데, 다양한 사람들과 부대끼며 일을 하니 새로웠다.

자기계발 세계에 눈뜨다

자기계발과 성장에 관심이 있는 사람들이 모여 있는 곳이었기 때문에 긍정의 마인드가 충만했다. 토니 로빈스, 밥 프록터, 김승호 회장님 등의 인물이나 『시크릿』, 『생각하라 그리고 부자가 되어라』 등 '자기계발' 하면 모두 아는 책들을 전혀 몰랐던 나는 자연스럽게 생소하던 자기계발의 세계에 발을 들여놓게 되었다.

봉사를 시작한 기간에 켈리 최 계정에서는 독서 습관을

길러주는 '끈기프로젝트'라는 것을 진행 중이었다. 사람이 새로운 습관을 들이기 위해서는 최소 3주에서 3달이 걸리는데, 하루 10분 독서를 100일간 진행하여 독서하는 습관을 기르는 프로그램이었다. 나를 제외한 봉사팀 전원이 참여하는 중이었고 모두 꼭 하라고 추천을 해 줬다.

나는 원래 1년에 책을 한 권도 읽지 않는 사람이었다. 청소년기에 추리소설에 빠졌던 것과 임신과 출산 기간에 육아책을 여러 권 읽었던 것, 아주 가끔 베르나르 베르베르나 무라카미 하루키 소설을 읽는 것 등을 빼고는 독서와 거리가 먼 사람이었다. 독서를 싫어한 것은 아니지만 독서 외에도 놀거리, 볼거리, 할거리들이 넘쳐났으니까 굳이 필요성을 못 느꼈다고나 할까.

이런 나라도 하루 1시간도 아니고 하루 10분 독서는 할 수 있을 것 같았다. 독서 기록을 인스타그램에 인증하며 100일간 하루도 빼먹지 않고 완주에 성공했다. 그리고 자연스레 그 다음 프로젝트인 바디프로필 촬영을 최종 목표로 하는, 100일간 운동하는 운동 프로젝트에 참여했다.

이 프로젝트가 시작할 때 영어 자원봉사는 끝나가는 시

점이어서 운동 프로젝트에도 운영팀 봉사자로 참여하게 되었다. 운동 프로젝트도 완주를 하고 운이 좋게 켈리 최 회장님과 함께 바디프로필도 찍을 수 있었다. 이후에도 나는 추가로 세 개의 프로젝트를 운영하며 총 18개월 동안 자원봉사를 하게 되면서 자기계발 세계에 완전히 빠져들게 되었다.

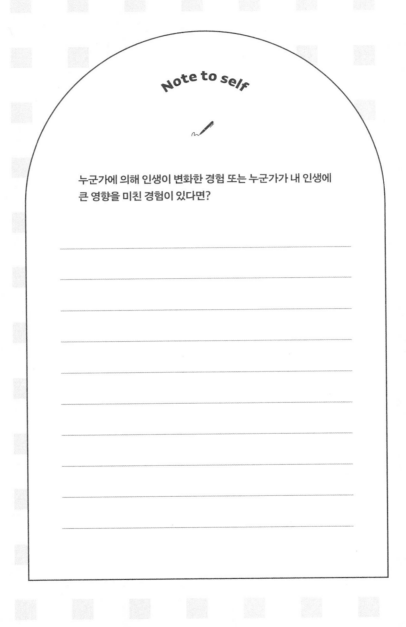

Note to self

누군가에 의해 인생이 변화한 경험 또는 누군가가 내 인생에
큰 영향을 미친 경험이 있다면?

_____

_____

_____

_____

_____

_____

_____

_____

_____

_____

100일 동안 하루 10분 책을 읽었더니

———6 나는 책을 안 읽는 사람이라는 정체성이 나는
책을 읽는 사람이라는 정체성으로 바뀌었다.

독서가 좋다는 것은 누구나 아는 사실이다. 누군가에게
는 새로운 지식을 습득하는 수단이 되고, 누군가에게는 힐링
과 치유의 시간이 되며, 누군가에게는 취미 생활, 누군가에게
는 해결책을 찾아주는 활동이 된다. 책을 많이 읽는 사람이
대체적으로 박학다식하고, 성공자들은 모두 독서 습관이 있
다는 것은 상식이다.

나는 독서와 거리가 먼 사람이었다. 책으로 무언가를 이
루고자 하는 소망도 없었고, 독서 습관이 없었기에 독서의 장

점도 체감하지 못했다. 고기를 안 먹어 본 사람이 고기 맛을 모르듯 말이다.

켈리 최 회장님 커뮤니티에서 진행하는 독서 습관을 기르는 끈기프로젝트는 100일간 하루에 10분 독서를 하는 프로그램이었다(1시간도 아니고 30분도 아닌 10분). 아무리 책을 즐기지 않는 나라도 심리적 장벽을 느낄 수 없는 시간이었다. 그렇게 가벼운 마음으로 나는 100일간 하루도 빠짐없이 책을 읽었다.

스마트폰을 사용하게 되면서 한번에 집중할 수 있는 시간이 정말 짧아진 나였지만 10분을 집중하는 것은 크게 어렵지 않았다. 그리고 말이 10분이지, 독서를 시작하니 10분만 읽고 멈추는 게 더 어려웠다. 운동할 때 가장 어려운 게 운동화를 신는 것이라고 하지 않는가. 독서도 마찬가지였다. 책을 집어들고 펼치기까지가 가장 어려웠던 것이다.

인생 처음으로 책을 읽다

100일간 나는 롭 무어의 『결단』, 김미경 강사님의 『김미경의 리부트』, 조한경의 『환자혁명』, 보도 섀퍼의 『멘탈의 연금술』, 타라 스와트의 『부의 원천』, 김승호 회장님의 『돈의 속성』, 김윤나 작가의 『말그릇』 등 7권의 책을 독파한다. 어떤 날은 한두 시간 동안 책을 읽기도 했다. 나 스스로도 깜짝 놀라는 결과였다. 예전의 나였으면 10년에 걸쳐 일어났을 법한 일이었다. 1년에 책 한 권도 잘 안 읽었으니 말이다.

책을 읽으며 다양한 지식과 정보를 습득했고, 생각이 바뀌고 확장되는 경험을 했다. 하지만 이보다 더 중요한 깨우침이 있었다. 바로 나는 책을 안 읽는 사람이라는 정체성이 나는 책을 읽는 사람이라는 정체성으로 바뀌고, 독서는 즐거운 것이라고 인식하기 시작한 것이다.

스스로를 그렇게 정의하니 외출할 때 습관적으로 가방에 책을 넣어 다니게 되었다. 이동 중 짬이 나면 음악을 듣거나 유튜브를 보는 것이 아닌, 책을 읽으려고 노력했다. 운전할 때 또는 걸어다닐 때를 위해 전자책과 오디오북 서비스에 가입했다. 쇼핑몰에 가면 서점을 잠시라도 들렀고, 새로 나온 신간을 살펴보고 베스트셀러 목록도 훑어 봤다. 누군가에게 선물 받을 일이 있으면 책을 사 달라고 했다.

"여가 시간에는 뭘 하세요?"라는 질문을 받으면 "책을 읽어요."라는 답을 하게 되었고, 집 안 여러 공간에 책을 두기 시작했다. 자기계발 커뮤니티에서 독서 습관을 기르다 보니 자연스레 자기계발 서적을 많이 보게 되었고 이는 내가 이후 3년간 폭발적인 성장을 하는 밑거름이 되어 준다.

스스로를 독서하는 사람이라고 인지하니 독서를 즐기는 사람들과 자연스레 친해졌다. 도서 정보를 주고받고 책 내용을 나누는 것이 하나의 즐거움으로 자리 잡게 되었다. 책 소개를 해 주거나 리뷰를 하는 유튜버, 책을 읽어 주는 유튜브 영상을 찾아 보게 되었고 다양한 작가들을 알게 되면서 자기계발 분야의 다양한 권위자들과 이들이 쓴 책을 알게 되었다.

자연스레 인터넷 서점 장바구니에는 사고 싶은 책 목록이 점차 쌓여 갔다. 집에 가장 자주 오는 택배도 인터넷 서점의 택배가 되었다. 집에는 하나둘씩 자기계발 서적이 쌓여 가고 있었다.

이 세상에는 셀 수 없이 많은 관심사와 주제들이 존재하고, 각각을 둘러싼 작은 우주들이 존재한다. 마라톤을 좋아하는 사람들, 유기견 보호에 헌신하는 사람들, 맛집 탐방이 취미인 사람들, 사업가, 전업주부 등등. 이 우주는 각자만의 가치와 기준으로 운영되고 존재한다. 나는 이중 독서와 자기계발이라는 세계의 문을 열고 들어선 것이다.

독서를 추구하는 사람들과 함께하는 시간이 많아지다 보니 독서모임에도 관심을 갖게 되었다. 예전 같았으면 남의 일, 나 같이 책을 읽지 않는 사람은 할 수 없는 일이라고 생각했던 것이 독서모임이었다. 이번에도 나를 영어 봉사로 이끌어 준 혜선 언니가 독서모임을 같이 해 보자며 제안을 했다. 망설이는 마음도 있었지만 혜선 언니를 워낙 존경하고 신뢰했기 때문에 해 보기로 마음먹었다. 이렇게 나는 45세에 독서를 시작하고 46세에 첫 독서모임을 시작했다. 그리고 난데없이 사랑에 빠졌다.

독서모임의 매력에 빠지다

독서모임을 하게 되니 자연스럽게 다음과 같은 행동이 따라왔다. 독서모임 전까지 책을 읽어야 하니 어떻게든 시간을 내어 책을 읽는다. 독서 후기를 나눠야 하니 주의를 기울여 책을 읽고 메모도 한다. 책의 방대한 내용을 몇 분 내로 발표하기 위해서는 내용 정리와 요약이 필요한데 이는 책을 내 것으로 만드는 데 큰 도움이 되었다.

주어진 시간에 내 의견을 전달해야 하니 머릿속을 정리하는 훈련이 저절로 되었다. 다른 사람의 시간을 존중하는 법을 배웠다. 독서모임에 참여했다는 뿌듯함은 일상에 긍정적인 에너지를 불러왔다.

삶에 대한 태도가 열정적이고 변화를 추구하는 이들을 만나는 것 자체만으로도 큰 자극과 배움이 되었다. 독서모임을 함께하고 싶은 이름들이 머릿속에 마구 떠올랐다. 나는 그 주에 무려 세 개의 독서 모임을 개설했다. 그리고 한 달 후 네 개의 독서 모임을 추가로 모집했다.

내가 다독가이고 독서모임의 전문가였기 때문이 아니었다. 그저 좋은 것을 알리고 함께 하고 싶은 마음뿐이었다. 나는 이렇게 매주 팔십여 명의 사람들을 줌으로 만나 책과 성장에 대한 긍정적인 얘기를 주고받았다. 이렇게 진행하게 된 독서모임은 향후 나의 폭발적인 성장의 단단한 초석이 되어 준다.

가장 많은 시간을 함께 보내는 다섯 명의 평균이 미래의 나의 모습이라고 한다. 내 인생은 내가 원치 않더라도 우상향 중이었다.

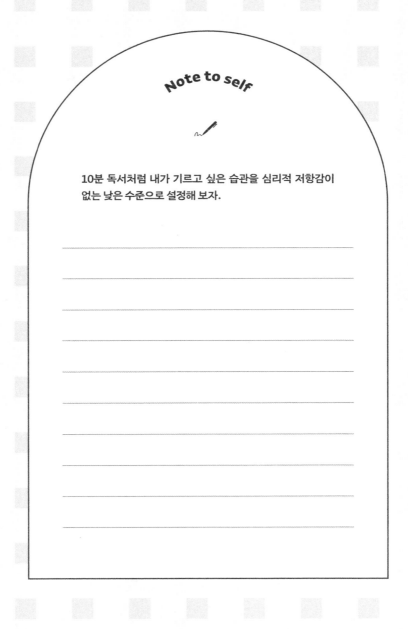

Note to self

10분 독서처럼 내가 기르고 싶은 습관을 심리적 저항감이 없는 낮은 수준으로 설정해 보자.

재능과 환경을 뛰어넘는 힘

─── ⌇ 문제는 몸이 아니었다. 나의 정신이었다.
나의 정신은 핑계 찾기 도사였다.

성공한 사람들의 공통점 중 하나가 독서 외에 운동이다. 그래서 나는 끈기프로젝트 독서편 다음으로 매일 10분 운동을 100일간 하는 끈기프로젝트 운동편에 참여하게 된다. 100일간의 영어 자원봉사가 끝날 무렵 시작된 프로젝트였고, 이어서 운영진을 해 줄 수 있겠느냐는 제안을 받고 참가자이자 동시에 운영자로 봉사를 이어갔다.

그리고 운이 좋게 이 프로젝트가 진행되는 동안 프로젝트 운영자들은 켈리 최 회장님과 함께 바디프로필을 찍을 기회가 주어졌다.

50세가 넘은 분이 바디프로필이라니! 그것만으로도 큰 동기부여가 되었다. 끈기프로젝트에 참여했을 뿐인데 나는 운영자로 너무나 많은 것을 배웠고 회장님과 바디프로필을 찍을 기회까지 얻게 되었다.

변화의 분기점을 통과하다

바디프로필을 준비하는 사람들만 경험할 수 있는 전유물 같은 것들이 있다. 하루에 물을 5리터까지 마셔 보는 것, 단수를 해 보는 것, 바디프로필 촬영 당일 떡이나 빵 등의 탄수화물을 1킬로그램 먹는 것, 집이 아닌 다른 곳에서 속옷만 입고 사진을 찍는 것 등….

이는 매우 신기한 경험이었고, 그 과정에서 한계라는 것은 실제로는 한계가 아님을 경험할 수 있었다. 하겠다는 마음만 있으면 100일 동안 매일 운동을 할 수도 하루에 물 5리터를 마실 수도 있었던 것이다.

인스타그램으로 알게 된 친한 동생이 매일 스쿼트 1,000개를 30일간 해 보겠다면서 도전을 선언한 적이 있다. 매일 오전 10시 인스타그램 라이브방송을 켜서 이를 생중계하겠다는 것이었다.

호기심 반, 응원하고자 하는 마음 반으로 나도 함께 도전을 시작했다. 바디프로필도 찍었는데, 매일매일 스쿼트쯤이야 못할 것 없다는 생각이었다. 하지만 예상과 달리 도전 첫날엔 죽을 것 같이 힘들었다. 실제로 동생은 스쿼트를 700개쯤 했을 때 화장실로 달려가 구토를 했다. 하지만 포기하지 않고 첫날 1,000개를 무사히 끝냈다.

1,000개를 하는 데는 1시간 조금 넘는 시간이 걸렸다. 사실 더 두려운 건 다음날이었다. 모르는 게 약이라고, 첫날은 막연한 두려움과 호기심으로 도전했지만 예상치 못한 고통을 경험했기에 둘째날이 더 무서웠다. 하지만 약속은 약속이었기에 동생은 약속한 오전 10시에 라방을 켰고 나도 1,000개를 함께 진행했다.

'이 정도면 많이 한 거 아냐? 원래는 100개도 힘든데.'

'이러다 내일 병 나는 거 아냐? 그만하는 게 좋지 않을까?'

'나는 저 동생보다 나이도 많은데, 내가 도전자도 아니고 안 해도 티도 안 나잖아?'

문제는 몸이 아니었다. 나의 정신이었다. 나의 머리는 그만둘 구실을 쉴새없이 찾고 있었다. 나의 정신은 핑계 찾기 도사였다. 이때 나는 깨달았다. 우리를 막는 것은 실현 가능성이 아니라 나의 정신임을. 1,000개라는 스쿼트 횟수가 타협할 수 없는 대상이라는 점을 인지함과 동시에 나는 굉장히 이상한 경험을 한다.

어차피 1,000개는 해야 하는 것이라는 타협불가한 목표가 머릿속에 자리를 잡으니 힘들기는 하지만 몸은 1,000개를 향해 쭉쭉 나가는 것이었다. 그렇게 무사히 스쿼트 1,000개를 끝낼 수 있었다. 혼자 맘 먹고 시작했다면 아마도 나는 200개도 못하고 끝냈을 것이다. 함께했기에 고비 고비를 넘길 수 있었다.

작은 봉사 하나를 기점으로 나는 자기계발을 열심히 하며 보다 나은 삶을 살려는 사람들을 끌어당기게 되었고, 이는 곧 내 인생이 변화의 분기점을 통과한 시점이었다.

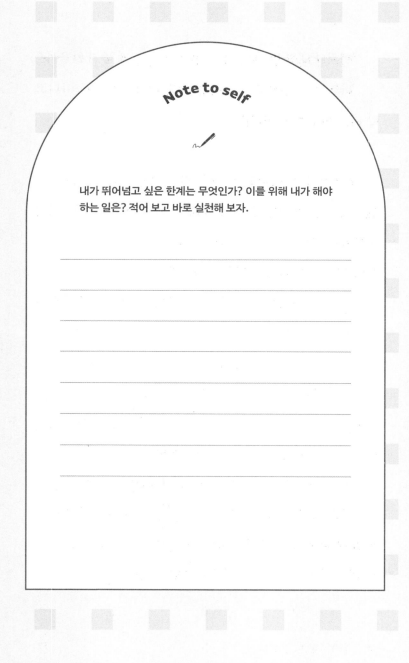

Note to self

내가 뛰어넘고 싶은 한계는 무엇인가? 이를 위해 내가 해야
하는 일은? 적어 보고 바로 실천해 보자.

나는 인친들의 댓글을
흉내내기 시작했다

─────ⓒ 따뜻함과 사랑을 느끼고 좋은 영향을 받으면서
세상을 보는 나의 렌즈 색도 조금씩 변해 갔다.

'인친'. 인스타그램 친구의 준말로 인스타그램을 통해 알게 된 친구 관계를 일컫는 말이다. 서로를 부를 땐 인스타그램 아이디에 '님'자를 붙여서 부른다. 예를 들어 인스타그램 아이디가 '커피가회'라면 '커피가회님'으로 부르는 식이다.

작정하고 들면 본인 이름부터 사는 곳, 라이프스타일까지 모든 것을 허구로 지어낼 수 있는 온라인 세상에서 일면식도 없는 사람들끼리 친구가 된다? 심지어 '언니, 동생' 하면서 오프라인으로 만나기까지 한다? 처음에는 굉장히 낯설었다.

아주 솔직히 말하면 이해가 되지 않았다.

"아니, 상대가 어떤 사람인 줄 알고? 친구는 주변에서 찾아도 충분하지 않아?"
"친구 없는 사람들이 외로워서 여기에서 친구를 찾는 건가?"

오프라인 세상에 사는 것만으로도 바쁘고, 친구와 가족과 보낼 시간도 모자란 마당에 굳이 온라인에서 친구를 만드는 이유는 무엇일까? 말이 친구이지, 서로의 이해 관계에 따라 유지되는 계약 관계 같은 것은 아닐까? 오프라인 세상에서 자리를 잡지 못한 이들의 집합소라면?

우리는 모두 각자만의 안경을 끼고 세상을 바라본다. 빨간색 렌즈를 낀 사람에게는 빨간색 세상이 보이고, 초록색 렌즈를 낀 사람에게는 초록색 세상이 보인다. 렌즈에 상처가 나 있으면 그 흠집을 통해 세상을 본다.

인스타그램이라는 온라인 세상도 내가 끼는 렌즈에 따라 아주 다르게 보인다. 사기꾼이 득실거리고, 함부로 믿으면 안 되니 조심해야 한다는 생각으로 보면 위험이 도사리는 곳이다. 반면 유익한 정보를 얻고, 멋진 사람들로부터 인생 메시지를 받고, 더 나은 삶을 만들어 주는 공간으로 보면 그런 장소가 된다.

따스함에 물들다

켈리 최 커뮤니티에서 자기계발을 하면서 이 커뮤니티 안에 속한 다른 켈리스들이 나를 먼저 팔로우해 주고 댓글을 남겨 주는 게 신기했다. 좋기도 했지만 의심의 마음도 들었다. 뭔가 꿍꿍이가 있나? 의도를 숨기고 접근하는 건가? 굳이 나를 먼저 팔로우하고 친절한 댓글을 남기는 이유는 무엇이지?

진실로 순수한 의도와 서로 응원하는 마음으로 친구를 맺을 수 있다는 점을 깨닫기까지는 그리 오래 걸리지 않았다. 상대를 위하는 진심과 애정이 듬뿍 담긴 댓글들은 의구심 가득했던 나에게 오히려 미안한 마음을 들게 했다. 이런 분들이 한두 분이 아니었다. 세상에 이렇게 따뜻하고 열정적으로 인생을 살며 오픈 마인드인 사람들이 많았나 싶을 정도로 좋은 분들을 만났다. 그러면서 나의 마음도 조금씩 열렸다.

　나는 논리적이고 합리적인 것을 좋아하고 감정의 소용돌이를 크게 겪지 않는다. 좋아도 싫어도 기뻐도 힘들어도 감정 기복이 크지 않은 편이고 감정의 원점으로 빠르게 돌아오는 편이다. 표현도 무미건조에 가깝다. 짧고 담백한 대화, 핵심을 짚어 말하는 것을 좋아한다.

　특히 좌뇌형 사고를 중시하는 컨설팅 회사에 오래 다니다 보니 '그래서 결론이 뭔데?', '1, 2, 3으로 정리해서 말해 봐'라는 식의 사고방식에 굉장히 익숙해진 상태였다. 애교가 있는 스타일도 아니고 고지식한 편이어서 사랑한다는 말은 평생 몇 번 해 봤을까 말까.

　그런데 인스타그램이라는 온라인 공간에서 알게 된 친구들은 댓글 학원이라도 다녔나 싶을 정도로 정성과 마음이 듬뿍 담긴 소통을 했다. 글은 꿀을 발라 놓은 듯 달콤했고, 꽃을 뿌려 놓은 듯 화사하고 사랑스러웠다. '어떻게 저런 댓글을 쓰지?', '어떻게 저런 표현을 스스럼없이 하지?' 처음에는 신기했고, 이내 부러웠다. 나는 한 줄을 쓰는 것도 곤욕이었다. '감사합니다' 이후에 무언가를 쓰려 들면 그 순간 머리 속이 하얘졌다. 글 속에 담긴 사랑과 애정은 차치하고, 세 줄 이상 댓글을 다는 사람 자체가 대단해 보였다. 나도 그렇게 하고 싶었다.

따뜻함은 나눌수록 커진다

인스타그램 게시물에 달리는 댓글을 찬찬히 뜯어보기 시작했다. 이들이 주로 사용하는 표현과 단어는 무엇인지, 어떤 이야기들을 하는지 살펴봤다. 댓글 중에서도 특히나 더 기다려지고 반가운 댓글이 있었는데, 그 이유도 함께 분석해 보았더니 몇 가지 공통점이 보였다.

첫째, 일단 댓글이 길다. 긴 댓글은 시각적 효과가 크다. 당연히 단문의 댓글 대비 많은 공간을 차지하게 되는데, 이는 시각적으로 압도감을 가진다. 몇 개의 이모티콘, 정말 멋져요! 등의 한 줄짜리 댓글 사이에서 눈길을 확 끈다.

둘째, 댓글이 길면 정성이 들어갔다는 느낌을 준다. 내용은 그 다음이다. 한 줄보다는 다섯 줄 쓰는 게 더 많은 시간과 노력을 요구하기 때문이다. 나에게 정성을 들이는 사람을 누가 싫어하겠는가?

셋째, 본인이 느끼는 감정이나 나에게 해 주고 싶은 말을 세세하게 묘사한다. 의견이나 감정을 자세하게 표현하면 상대에 대해서도 더 잘 알게 된다. 내적 친밀감이 자연스레 형성되는 것이다.

넷째, 감정을 표현하는 단어를 다양하게 많이 쓴다. 우리는 스스로 논리적이라 생각하는데 사실은 감정의 동물이다. 감정을 교류함으로 쉽게 친해지고 나와 같은 편이라는 인상을 받는다.

다섯째, 공감의 표현을 많이 쓴다. 공감은 강력한 유대감을 형성한다.

여섯째, 칭찬과 인정에 인색하지 않고 애정의 표현을 적극적으로 한다. 모든 사람은 인정 욕구가 있고 칭찬 받기를 좋아한다. 오죽하면 칭찬은 고래도 춤추게 한다고 하겠는가. 그리고 나를 좋아해 주는 사람을 싫어할 사람은 없다.

일곱째, 상대에 대해 잘 알고 있다. 상대에 대한 관심은 글과 말에 그대로 표현된다. 그래서 보다 깊은 대화, 예상 밖의 인사이트 등을 나눌 수 있게 된다.

나는 이들의 댓글을 흉내내기 시작했다. 내용을 기억해 두었다가 비슷하게 활용했다. 반복이 되니 내 댓글의 길이도 조금씩 늘어났고 쓸 내용도 하나둘씩 자연스럽게 떠올랐다.

이중에서도 특히나 더 기억에 남는 댓글을 달아 준 인친들에게는 개인적으로 감사의 인사를 전했다. 당신 덕분에 큰 힘을 얻고 있고 너무나 많이 배운다며 고맙다고 하니 이들은 대부분 깜짝 놀라며 본인의 댓글이 그런 줄 몰랐다며 매우 기뻐했다. 이렇게 댓글로 긍정의 소통을 하며 친해진 인친들과는 2~3년이 지난 지금까지도 좋은 인연을 이어가고 있다.

언제든 연락해서 얼굴을 볼 수 있는 가까운 사이가 됐을 뿐만 아니라 일부는 나와 함께 독서모임 리더로 활동하고 있기도 하고, 릴스 코치로 함께 강의를 진행하기도 한다.

인친들을 통해 따뜻함과 사랑을 느끼고 좋은 영향을 받으면서 세상을 보는 나의 렌즈 색도 조금씩 변해 갔다.

'이득을 취하려고 접근하는 건 아닐까?'

'내가 아는 지식을 다 알려주면 경쟁자를 키우는 셈 아닐까?'

'저 사람은 왜 저렇게 잘하지? 질투 나!'

의심과 부정의 렌즈를 벗고 사랑과 긍정의 렌즈를 꼈더니 정말로 그러한 세상이 내 앞에 펼쳐졌다. 부정적인 마음보다는 진심으로 응원하는 마음, 잘되었으면 하는 마음이 싹텄다.

켈리 최 회장님이 강조하는 말 중에 '상대의 선의를 가정하라'는 말이 있다. 순수한 의도로 나에게 다가오는 사람도 있고, 불순한 의도로 접근하는 사람도 있다. 하지만 상대방의 의도를 첫눈에 분간하기란 쉽지 않다. 세상에 어떤 사람이 '저는 의도가 불순합니다'라고 티를 내며 다가올까? 이럴 때 경계의 마음이나 의심의 눈초리보다는, 상대가 선한 의도를 가지고 있을 것이라는 가정으로 대하라는 의미이다.

이는 애덤 그랜트의 『기브 앤 테이크』에 나오는 기버giver와 매처matcher, 테이커taker의 관점에서 봐도 일리가 있다. 『기브 앤 테이크』에서는 전체 인구의 15퍼센트는 대가 없이 베푸는 기버, 70퍼센트는 받는 만큼 베푸는 매처, 15퍼센트는 무조건 취하기만 하려는 테이커로 구성되어 있다고 설명한다. 내가 기버이면, 인구의 85퍼센트는 기버인 것으로 느낀다. 왜냐하면 70퍼센트를 차지하는 매처는 상대의 행동에 따라 기버가 되기도, 테이커가 되기도 하는데, 기버인 나를 만나면 본인도 기버가 되기 때문이다.

나는 인스타그램을 통해 사랑이 폭포수처럼 쏟아지는 세상의 문을 열게 되었다. 인스타그램을 통해 나는 인생 멘토들을 만났고 오래오래 함께 하고 싶은 친구들을 사귀었다. 나를 매개로 모인 사람들은 이들끼리 더 진한 우정을 나누고, 협업을 하고 사업 파트너가 되기도 한다. 나는 앞으로 더 많은 것을 나눌 것이고 더 좋은 사람들을 끌어당길 것이다. 그래서 나는 이렇게 얘기한다.

"인친은 '인스타그램 친구'가 아닙니다. '인생 친구'입니다."

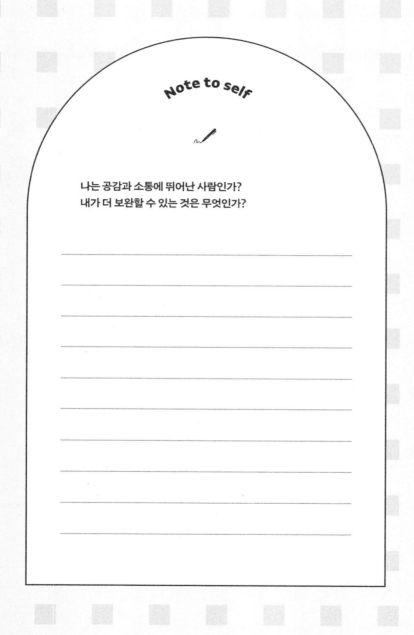

Note to self

나는 공감과 소통에 뛰어난 사람인가?
내가 더 보완할 수 있는 것은 무엇인가?

세상에 버려지는 경험은 없다

───⊙ 몇 년 간격을 두고 벌어진 하나의 에피소드 같
은 사건들이 릴스를 통해 하나로 연결될 줄은
꿈에도 몰랐다.

퇴사 후 인스타그램을 통해 자기계발 활동을 하게 되면
서 자연스레 인스타그램에 머무는 시간이 길어졌다. 콘텐츠
를 소비하기도 하고 새로 알게 된 인친들과 소통도 하면서 내
계정에도 보다 활발하게 콘텐츠를 올리게 된 것이다.

처음에는 사진 위주의 짧은 글을 중심으로 소통을 했다.
그러던 2021년 2월 말 새로운 기능이 인스타그램에 도입되었
다. 짧은 동영상을 올리는 릴스 기능이었다. 10~15초의 매우
짧은 영상을 올리는 SNS인 틱톡의 전세계적 인기가 식지 않
자 이에 대응하기 위해 인스타그램도 짧은 영상을 올릴 수 있

는 기능을 도입한 것이다.

나는 재미 삼아 짧은 영상을 하나 만들어 올렸다. 길이가 짧은 영상이라 만드는 데 큰 부담이 없었고 최신 유행하는 음원을 사용할 수 있어서 좋았다. 별 생각 없이 올렸는데 예상 외의 반응이 왔다. 립 컬러가 예쁘다, 웃는 모습이 예쁘다, 저 옷은 어느 브랜드냐 등 질문이 이어졌다. 무엇보다 동영상을 만드는 과정 자체가 즐거웠다. 립 컬러에 맞는 화장을 하고 옷을 매칭하고 포즈를 잡고, 이를 영상으로 편집하는 과정 자체가 너무나 짜릿하고 즐거웠다.

그렇게 나는 릴스를 하나씩 만들기 시작했다. 미국, 러시아, 남미 등 다른 국가에서는 6개월 정도 먼저 도입이 되었던 터라 나는 해외 계정의 릴스들과 틱톡을 보며 따라 하고 싶은 영상들을 저장해 두고 내 식대로 만들어 보았다.

나는 영상 전문가도 아니고 따로 영상 편집을 공부한 적도 없었다. 릴스를 만드는 것이 너무 재밌었던 나머지 촬영과 편집 꿀팁을 알려주는 해외 계정들을 팔로우하며 독학을 했다. 편집 애플리케이션도 여러 개를 설치해 튜토리얼을 찾아보고 이리저리 기능들을 눌러 보면서 감각적으로 손에 익혔다.

기능이 도입된 지 정말 얼마 되지 않은 초반에 릴스를 시작했기 때문에 국내에는 이를 알려주는 계정도 코치도 거의 없던 시기였다. 체계적인 배움을 하기에는 열악한 상황이었지만 나의 열정을 꺾기에는 역부족이었다. 나는 영어를 할 줄 알기 때문에 해외 계정에서 필요한 정보를 웬만큼은 획득할 수 있었고 이는 엄청나게 큰 무기가 되었다.

릴스의 재미에 빠지다

감사하게도 약간의 소질이 있었는지, 내가 올리는 릴스들은 꽤나 반응이 좋았다. 팔로워 수 대비 조회수도 항상 높게 나왔다. 당시 나의 팔로워 수는 400에서 500명 사이였는데, 릴스 조회수는 적으면 4,000회에서 많으면 수만 회까지 나왔다. 팔로워 수 대비 최소 10배는 되는 것이었다. 내가 릴스를 잘 만든 것도 있겠지만, 릴스 초창기에는 인스타그램에서 워낙 밀어주던 시기였기에 웬만하면 조회수가 잘 나왔다.

재미도 있는데 반응도 좋고 시간도 많이 있던 터라 나는 릴스에 완전히 몰입하기 시작했다. 다른 사람들의 릴스를 보고 공부하고, 촬영과 편집을 반복했다. 할 때마다 부족한 것이 보였다. 몇 시간 동안 작업한 결과가 마음에 들지 않아 스마트폰을 집어 던지고 포기하기도 했다. 그러다가 다음날 다시 스마트폰을 집어 들고 끝끝내 끝장을 봤다.

이 대목이 되면 보통 어떻게 촬영과 편집을 따로 배우지 않고 할 수 있었는지를 궁금해한다. 나는 영상 편집을 배운 적은 없었지만, 영상 편집이 처음은 아니었다.

첫 번째 경험은 2006년으로 한참 거슬러 올라간다. 아들 민이의 돌잔치를 준비하던 때였다. 돌잔치 행사에서 빠지지 않는 코너가 지난 1년간 아기의 성장 과정을 3~5분 길이의 영상으로 담아 보여주는 것이다. 보통은 이를 영상 제작 업체에서 해 주지만, 나는 이 영상을 직접 만들고 싶었다. 업체에서 만들어주는 영상은 디자인이 예쁘고 효과도 화려하지만, 나만의 메시지를 담아내거나 감동을 전달하기에는 부족하다고 생각했다.

영상 편집 경험이 전무했던 나는 베가스VEGAS라는 무료 영상 편집 프로그램을 다운받고, 지금은 정확히 기억이 나지 않지만 포털 사이트의 카페에서 정보를 얻어 가며(유튜브가 없던 시절이었다) 사흘 밤낮으로 작업해 영상을 완성했다. 다행히 결과물이 좋아서 상영하는 동안 사람들은 박장대소를 하기도 했고 눈물을 흘리기도 했다.

그 다음 경험은 2011년이었다. 유치원에 다니던 민이는 「토마스와 친구들」이라는 만화영화에 흠뻑 빠져 있었다. 거실과 방에 기차 트랙을 펼쳐 놓고 하염없이 놀던 민이는 토마스 기차가 사고가 나는 장면을 연출해서 만화영화에 나오는 노래 중 하나인 'Accidents happen'이라는 노래를 붙여서 유튜브에 올려 달라고 했다. 유튜브에서 비슷한 영상을 본 모양이었다. 그렇게 해서 나는 3분여짜리 영상을 하나 만들어서 올린다. 간단하게 촬영해 화면전환 효과 몇 개 넣은 게 다였다.

당시만 해도 유튜브 초창기 시절이었는데 이때 올린 영상은 조회수 9000만 회를 기록하게 되고 구독자가 40,000명인 채널이 된다. 아무런 의도 없이 올린 영상이었기에 더 이상 영상을 업로드하지 않았는데, 지금 생각하면 참 어리석었던 것 같다. 채널을 더 키우거나 수익화를 할 생각을 그때는 전혀 못했기 때문이다.

그 다음 조금 더 의미 있는 경험은 2020년이었다. 모두가 집을 나오기 두려워하던 코로나 초기였다. 퇴사 전 휴직 중이던 나는 갑자기 집에 있는 시간이 많아지면서 유튜브에 도전해 본다. 6개월에 걸쳐 영상을 10개 남짓 만들고 그만두었지만, 이때 나는 블로VLLO라는 모바일 무료 편집 애플리케이션을 사용하면서 편집에 꽤나 손이 익게 된다. 하지만 5분이 넘는 긴 영상을 만드는 것 자체가 힘들었고, 카메라를 보고 얘기하는 것 자체가 어색하고 어려워서 그만두었다.

그러다가 릴스가 나온 것이다. 유튜브용 긴 영상을 만들던 내게 릴스는 너무나 가볍게 다가왔다. 영상 길이 자체가 짧고, 말로 설명을 하지 않아도 되고 연기로 무언가를 표현할 수 있다는 게 훨씬 흥미로웠다.

하지만 만일 내가 유튜브 운영에 도전하면서 편집 애플

리케이션을 사용해 본 적이 없었다면, 유튜브 영상의 강력함을 느껴 보지 못했다면, 회사 다니며 밤샘 작업을 했지만 결국에는 영상을 완성해 내가 원하던 감동과 유머를 전달한 경험이 없었다면 조금 더 주저했을 것 같다.

몇 년 간격을 두고 벌어진 하나의 에피소드 같은 사건들이 릴스를 통해 하나로 연결될 줄은 꿈에도 몰랐다. 버려지는 경험은 없다. 그저 발현되는 시기가 아직 오지 않은 것일 뿐이다.

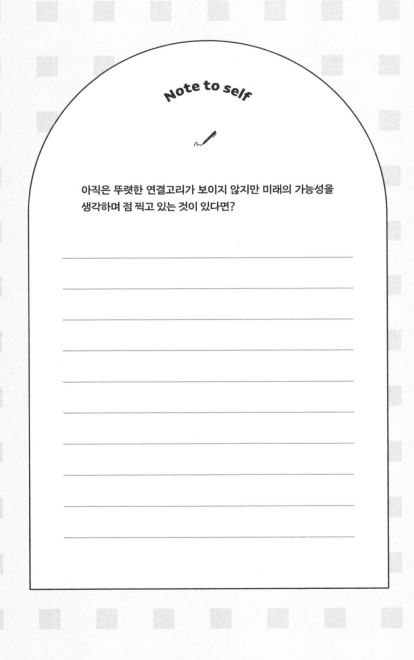

Note to self

아직은 뚜렷한 연결고리가 보이지 않지만 미래의 가능성을
생각하며 점 찍고 있는 것이 있다면?

_____

_____

_____

_____

_____

_____

_____

_____

_____

_____

인스타그램과 함께
나도 성장하고 있었다

—————— 시간이 지남에 따라 나만의 목소리,
나만의 고유한 메시지를 만들어 갈 수 있었다.

릴스의 재미에 흠뻑 빠진 나는 누가 시키지 않았음에도 따라해 보고 싶은 릴스를 찾아 저장하고, 촬영과 편집을 고민하고 공부했다. 연기를 하며 촬영을 하고 내용에 어울리는 효과를 넣어 편집을 하는 것도 재미있지만 릴스의 매력은 내 머릿속에서 떠다니던 아이디어를 눈으로 볼 수 있게 구현하는 데에 있다. 영상이 완성되었을 때의 쾌감과 뿌듯함은 다른 어떤 것과 비교할 수 없다.

가우디의 사그라다 파밀리아 성당을 감상하는 것은 무척 아름답다. 하지만 벽돌 한 장씩을 쌓아야 하는 노동은 지루하기 짝이 없다. 릴스도 마찬가지다. 만들어진 릴스를 감상하는 건 즐겁지만 사전 기획, 번거로운 촬영, 끝이 보이지 않는 단조로운 편집은 벽돌을 한 장씩 쌓는 과정이다. 그런데 이 벽돌 쌓기보다 더 무서운 게 있었으니, 바로 다른 사람들의 시선이었다.

나는 원래 지극히 평범함을 추구하는 사람이었다. 어린 시절 나는 튀거나 원치 않는 주목을 받는 것을 싫어했다. 아니 두려워했다는 것이 더 맞는 표현이겠다. 나이가 들어서도 마찬가지였다. 그래서 가령 마음에 드는 옷이 있어도 바로 구매하기보다는 '이걸 입으면 너무 튀지 않을까?', '내 나이에 이걸 입으면 주책이라고 하지 않을까?', '너무 짧나? 너무 몸매가 드러나나?' 등의 자기검열을 과도하게 했다. 결국에 나는 마음에 드는 옷이 아닌, 무난해 보이는 옷을 고르곤 했다.

옷뿐만 아니라 말, 행동, 추구하는 가치, 중요하다고 생각하는 것 등 삶의 모든 부분에 다른 사람의 시선, 사회에서 용인되는 적합함이 기준으로 작용했다. 그런 사람이었다 보니 릴스를 올릴 때 영 신경이 쓰였다. 사진은 내가 원하는 부분만 강조하고 노출하는 것이 가능한데, 영상은 훨씬 생동감이 있고 전달력이 강력하다 보니 더 신경이 쓰이는 것이었다.

이런저런 고민을 하던 나는 '아니다. 이왕 이렇게 된 거, 남의 시선을 벗어나는 계기로 활용해 보자!'라고 용기를 냈다.

두려움은 하루 아침에 사라지지 않았다. 여전히 두려웠지만 그냥 올렸다. 하늘은 두 쪽 나지 않았고, 의외로 과감한 옷이나 연기 등을 좋아해 주는 분들이 많았다. 물론 주책이라 생각하거나 거북하게 생각하는 사람도 있었을 것이다. 가끔 악성 댓글이 달리기도 했지만 모든 사람을 만족시키는 것은 불가능함을 이제는 알고 있다.

남들의 시선에서 벗어나니 보이는 것들

우습게도 지금도 여전히 남의 시선이 신경 쓰인다. 예전보다 강도와 빈도가 약해졌을 뿐, 안 쓰인다면 거짓말이다. 그럼에도 불구하고 내가 하지 않는 한 가지가 있다. 바로 필터다. 우리는 조금 더 예뻐 보이기 위해, 남들의 평가와 시선이 싫어서 필터를 사용하고 연출을 한다. 과한 필터를 사용하는 사람들을 보면 예뻐 보이기보다 본인 모습에 스스로 만족하지 못하는 마음, 또는 잘 보이고 싶어 하는 마음이 보인다.

나 역시 그런 마음을 모르는 바가 아니기에 '가장 정제된 얼굴과 몸매와 생활만 보여주는 이곳에서 아예 반대로 하면 어떨까?'라는 생각이 들었다. 타인의 시선에서 자유로워졌을 때의 진정한 자유로움을 한 명이라도 더 만끽할 수 있도록 말이다.

그래서 나는 피부를 더 부드러워 보이게 해 주고 눈을 더 크게 해 주며 턱을 브이자로 깎아 주는 필터를 과감히 버리고, 민낯에서 시작해 단계별 메이크업을 하면서 점차 예뻐지는 릴스를 찍으면서 무보정 민낯을 공개해 버렸다.

얼마나 민낯이었으면 "언니, 이렇게까지 민낯을 보여 줘도 돼요?"라는 걱정스러운 연락부터 "유리쌤, 기미가 심하시던데 이 화장품 쓰시면 옅어지실 거예요. 저희 피부과 한번 오세요. 관리해 드릴게요~"까지 온갖 연락을 받았다. 하지만 나는 이날 엄청난 자유를 느꼈다. 한번 보여 주고 났더니 두려울 게 없었다. 더 이상 내려갈 곳이 없는 느낌이랄까.

이러다보니 실제로 만났을 때에는 화면보다 실물이 예쁘다는 소리를 많이 듣고(화장도 하고 머리도 하고 나가니), 화면과 차이가 제일 없는 인플루언서라는 얘기도 들었다.

이렇게 남들 시선을 벗어나니 나의 생각도 더 거침없이 얘기할 수 있게 되었다. 처음에는 단순히 '이런 얘기를 내가 해도 될까?'라는 두려운 마음에서 조금 벗어났다고 한다면, 시간이 지남에 따라 나만의 목소리, 나만의 고유한 메시지를 만들어 갈 수 있었다.

이를 통해 나는 다음의 교훈을 얻었다.

첫째, 사람들은 나에게 별로 관심이 없다. 진짜 그렇다. 잠시는 관심을 둘 수 있다. 하지만 이는 일시적이다. 사람들은 결국 본인에게 관심이 많고 각자의 삶을 사느라 바쁘다. 남의 시선 때문에 내가 할 일을 못하면 나만 손해다.

둘째, 지나가며 던지는 한마디는 내 인생에 영향을 미치지 못한다. 악성 댓글이나 누군가의 한마디에 전전긍긍하거나 분노하는 경우를 본다. 여기에 어떻게 대응할지는 전적으로 나에게 달려 있다. 감정적인 반응은 별 도움이 되지 않는다. 부정의 기운만 내뿜을 뿐이다. 스스로의 감정과 태도를 통제하면 외부 환경에 휘둘리는 일이 적어진다.

셋째, 내가 지향하는 삶을 이미 살고 있는 사람이 아닌 사람이 하는 말은 귀담아듣지 않는다. 새로운 것을 시도하다 보면 이러쿵저러쿵 의견을 보태는 사람들이 많다. 특히 가족이나 지인들이 그러하다. 우리는 이들의 한마디에 낙담을 하기도 하고 용기를 얻기도 한다.

인스타그램에 대한 조언을 얻으려면 인스타그램 계정을 이미 잘 키운 사람에게 찾아가라. 인스타그램으로 성공한 사람에게 "저 인스타그램 해 보려고요!"라고 하면 어떤 반응을 할까? 잘 생각했다며 꾸준히 하면 반드시 성공할 것이라고 할 것이다. 사업으로 성공한 사람에게 "저 사업 시작해 보려고요!"라고 하면 어떤 대답을 받을까? 여러가지 유용한 정보를 알려주며 응원해 줄 것이다. 행복한 결혼 생활을 하고 있는 사람에게 결혼 상담을 하면 뭐라고 얘기할까? 그렇다. 조언은 내가 살고자 하는 삶을 이미 성공적으로 이룬 사람에게만 구하자. 그 외 조언은 가볍게 듣고 넘기면 된다.

인스타그램을 키우려 했던 나는 나를 키우고 있다는 생각을 한다. 계정의 정체성을 만들기 위해 나만의 철학과 인생관, 가치관이 정립되어야 했고, 내가 언제 어떻게 성공할지 전혀 보장된 것이 없는 곳에서 불확실성을 등에 업고 하루하루 발을 내딛어야 했다. 나에게 인스타그램은 사람들과 소통할 수 있는 리더십 역량을 끌어올리고, 저절로 멘탈이 단련되는 나 키우기의 장이다.

Note to self

SNS를 키우는 것은 여러가지 새로운 도전과 배움을 의미한다. 나는 어떤 부분이 어려운가? 망설여지는가?

_____

_____

_____

이를 극복하기 위해 할 수 있는 노력 세 가지는?

_____

_____

_____

_____

_____

그냥 좋아서 했을 뿐인데

———⚬ 뭐든 해 봐야 즐기는 것도 찾을 수 있다. 가만히
생각만 했더라면 절대 지금의 내가 되지 못했을
것이다.

릴스를 올리기 시작한 지 몇 개월이 지나자 재미난 현상
이 생겼다. 약속을 나가면 첫 인사말로 "릴스 너무 잘 보고 있
어요!", "어쩜 그렇게 연기를 잘해요?", "편집은 어떻게 해요?"
등 릴스 관련 질문을 마치 약속이나 한 듯 물어 왔다.

그러던 어느 날, 나는 켈리스로 알게 된 저자이자 마케팅
전문가인 '해피스완' 소영님과 함께 점심 식사를 하게 된다.
근황을 나누고 온라인 사업에 대해 얘기를 나누던 중 소영님
이 뜬금없는 아이디어를 낸다.

"언니, 릴스 강의를 한번 해 보지 그래요?"

"응? 강의를 해 보라고? 내가?"

그녀는 나의 반응이 더 의아하다는 듯 커피를 홀짝이며 얘기했다.

"정 부담되면 재능기부 강의를 해 봐요. 아는 것만 알려줘도 엄청 도움이 많이 될거예요."

돈을 받지 않고 내가 아는 걸 알려주는 건 할 수 있을 것 같았다. 내 인스타그램 계정에 공지를 올렸다. 두려웠기 때문에 인원을 열다섯 명으로 제한했지만 강의는 순식간에 매진 되었다. 열심히 준비한 두 시간의 강의를 마치고 나니 강의에 대한 자신감이 조금 생겼고, 나의 세계가 한층 더 넓어진 듯한 느낌이 들었다.

강의의 세계에 문을 열고 들어가다

이 경험을 통해 나는 네 가지를 깨닫는다.

첫째, 몰입하면 전문가가 된다. 1만 시간의 법칙이라는 말이 있다. 즉, 전문가가 되려면 1만 시간 이상을 누적해야 한다는 것이다. 이 문장을 보면서 '아… 내가 전문가가 되려면 한참 멀었구나. 공부할 게 태산이네.'라고 생각할 수 있다. 뒤집어 생각해 보자. 아무리 초짜이고 지식이 없어도 1만 시간이면 누구나 전문가가 될 수 있다는 의미이다.

박사 학위를 따는 데 10년이 걸린다고 치면 40대 후반인 내가 100세까지 다섯 개의 박사 학위를 딸 수 있다는 것이다! 내가 시간을 들이지 않았고 배우지 않았을 뿐, 그 가능성은 누구에게나 열려 있다.

나는 그다지 감각적인 사람도 아니고 유행에 민감하게 반응하는 사람도 아니다. 나이도 40대 중반을 훌쩍 넘어 노안을 맞이할 나이이다. 스마트폰을 능수능란하게 다루지도 못한다. 이런 내가 릴스라는 주제로 두 시간을 얘기할 수 있을 줄은 몰랐다. 거의 매일 릴스를 만들고 공부하고 있었지만 그저 즐거워서 하는 것이지 이것을 지식이라는 정리된 형태로 전달할 수 있다고는 생각하지 못했던 것이다.

둘째, 내가 조금만 앞서가도 나눌 건 충분히 있다는 것이 었다. 첫 강의를 할 때 나는 전문가로 전문 지식을 전달한다는 생각을 하지 않았다. 내가 아는 것을 나눈다는 생각으로 했다. 모르는 건 모른다고 솔직히 인정하고 이후에라도 답을 찾으려고 했다. 오히려 전문가가 아니기 때문에 일반인의 고충을 이해하고 일반인의 눈높이에서 가르칠 수 있었다.

당시에 강의를 신청했던 사람들 중에는 나와 비슷한 시기에 릴스를 시작한 사람도 있었고 이제 시작해 보려는 사람도 있었다. 그래 봤자 6개월 정도의 격차였다. 하지만 그 기간 동안 몰입하고 고민하며 나는 알게 모르게 많은 지식을 터득했는데, 그걸 특별한 지식이라고 인식하지 않았던 것이다.

사실 많은 사람들이 이렇게 생각한다. '내가 요리를 좋아하기는 하는데, 이 정도는 다 하지 않아? 이건 다 아는 정보 아니야?' 아니다. 내 전문 영역 또는 나의 관심사이기 때문에 나에게는 당연하지만 다른 사람은 전혀 모를 수 있다.

전문가가 아니어도 시작할 수 있다. 평생 한 직장에서 영어통역사로 지낸 나는 당연히 영상에 대한 전문 지식이 없다. 전문 장비도 하나 없다. 스마트폰과 2~3만 원대 삼각대, 2만 원대 핀 마이크와 링조명, 무료 동영상 편집 애플리케이션이 전부다. 하지만 지금은 진심과 감동을 전달하는 릴스를 만드는 독보적 릴스 코치로 인정받고 있다. 전문가만 할 수 있는 영역이라고 생각했다면 시작하지 못했을 것이다.

지식이란 머릿속에 머무는 정보가 아니라 삶에 적용되어 더 나은 삶을 가꾸어 줄 때 그 가치가 발휘된다고 생각한다. 그런 의미에서는 지식을 하나 덜 알려주더라도 실행할 수 있게 동기부여를 해 주고 환경을 만들어 주는 것이 훨씬 중요하다고 생각한다.

빌 게이츠가 초등학생을 대상으로 컴퓨터 과외를 한다고 생각해 보라. 오히려 이상하지 않은가? 빌 게이츠의 재능 낭비, 시간 낭비일 뿐 아니라 학생 입장에서도 자신의 입장을 조금 더 잘 이해해 주는 중학생이 과외를 하는 게 훨씬 효과적일 것이다.

셋째, 해 보기 전에 하는 고민은 쓸모가 없다. 우리가 하는 걱정거리의 40퍼센트는 절대 일어나지 않을 사건들에 대한 것이고 30퍼센트는 이미 일어난 사건들, 22퍼센트는 사소한 사건들, 4퍼센트는 우리가 바꿀 수 없는 사건들에 관한 것이라고 한다. 즉, 96퍼센트의 걱정은 쓸데없는 걱정이다. 고민은 그만하고 행동을 더 하자.

뭐든 해 봐야 즐기는 것도 찾을 수 있다. 내가 릴스를 해 보지 않았더라면, 하다가 중간에 힘들다고 관뒀더라면, 나는 통번역만 하던 사람이라 창의력이 부족하다며 해 보지 않고 생각만 했더라면 절대 지금의 내가 되지 못했을 것이다.

넷째, 해 봐야 비로소 보이는 것들이 있다. 뭐든 해 보면 내가 그것을 해 보기 전까지는 절대 생각할 수 없는 것들이 그제서야 비로소 펼쳐진다. 강의를 해 보니 나의 부족한 부분이 보였고, 모르는 부분을 알게 되었고, 어떤 부분이 가장 도움이 되는지도 알게 되었다. 미처 생각하지 못한 아이디어가 떠올랐고 영감을 받았다. 강의를 실제로 진행해 보지 않았으면 절대 몰랐을 것들이다.

마지막으로 주변에 어떤 사람들이 있는지가 매우 중요하다. 지식을 갖췄을 뿐 아니라 도전을 좋아하고 응원하는 집단인지, 새로운 아이디어와 영감을 주는 사람인지, 아니면 그게 되겠냐며 도전을 두려워하는 사람인지 살피자.

좋아하는 것을 나의 무기로

릴스를 꾸준히 몇 개월 만들다 보니 강의를 해 보라는 제안을 받았다. 재능기부 강의를 통해 자신감을 얻고 유료 강의를 개설했다. 강의를 반복하면서 부족한 부분을 보완하고 지속 발전시켰다. 강의뿐 아니라 릴스를 만드는 내 실력도 꾸준히 향상시켰다. 그렇게 2년 6개월을 멈춤 없이 꾸준히 지속했다. 뒤돌아보니 나는 실력을 인정받는 릴스 크리에이터, 릴스 코치가 되어 있었다.

인스타그램 운영도 마찬가지이다. 나는 '빨리 인플루언서가 되고 싶다.', '왜 내 팔로워 수는 빨리 안 늘지?', '어떻게 하면 떡상하지?'라는 생각을 별로 해 본 적이 없다. 물론 더 빨리 성장하는 걸 원치 않는 사람이 있겠느냐만은, 나는 내가 가지지 못한 것보다 감사한 것이 더 많았다. 인스타그램이라는 공간에서 나를 표현할 수 있다는 것, 내 얘기를 들어주는 사람들이 있다는 것, 이 공간을 통해 소중한 친구들을 만날 수 있다는 것에 말이다.

나는 나의 이야기를 진솔하게 전달하는 것에 초점을 맞추었고 내가 만드는 콘텐츠 하나하나에 정성을 쏟았다. 내가 이걸 지금 주면 나중에 나에게 돈이 되겠지, 라는 생각에서 주는 것이 아닌, 내가 아는 것을 알려주고 싶고 함께 성장하고 싶은 마음에 콘텐츠를 제작했다. 빠른 성장을 좇지 않고 수치를 좇아가지 않으니 누군가에게는 아둔해 보였는지도 모르겠다. 하지만 나는 이 방식이 좋았고 즐거웠다. 그렇게 정성을 들여 콘텐츠를 만들다 보니 내 콘텐츠는 스토리와 감동을 전달하는 콘텐츠가 되었고 이를 좋아해 주는 분들이 주위에 모이기 시작했다.

인지하지 못할 뿐 내가 잘하는 것은 이미 내 생활이 되어 있다. 여가 시간에 즐기는 취미, 주변인들이 자주 물어보는 질문, 내가 돈을 쓰는 대상, 내가 잘하는 것 또는 즐기는 것. 여기에서 힌트를 얻으면 된다. 그래도 모르겠으면 주변 사람들에게 내가 무엇을 잘하는지 나의 장점을 물어보라. 의외로 본인 장점을 본인이 모르는 경우가 많다. 스스로를 객관적으로 보지 못하기 때문이기도 하고, 이게 뭐 대단하다고, 하면서 별것 아닌 것으로 치부해 버리는 경우도 많다.

경청을 잘한다거나, 맛집을 많이 안다거나, 시간 약속을 칼 같이 지킨다거나, 번뜩이는 아이디어가 많다거나, 손재주가 좋다거나, 청소를 잘한다거나… 주변 사람들이 훨씬 객관적인 의견을 줄 수 있다. 그리고 그걸 스스로 장점으로 인정하는 자세도 매우 중요하다.

나는 무엇을 할 때 가장 즐거운가? 순수하게 어린아이 같은
마음으로 시간 가는 줄 모르고 하는 것이 있다면?

_____

_____

_____

_____

_____

_____

_____

_____

_____

나의 하루 루틴

　　미래를 만들어가는 힘은 현재에 있다. 과거를 후회하고 미래를 걱정하는 것은 아무 소용이 없다. 창조적 독백을 체화하기 위해 나는 다음의 습관을 장착했고 이를 매일 반복한다. 처음에는 의도적으로 했다고 하면, 지금은 하지 않으면 허전하다. 이 시간이 하루 중 가장 행복하고 평화롭기 때문에 아침에 일어나는 것이 더 이상 괴롭지 않다. 기대에 가득 차 하루를 시작한다는 것만으로도 너무 멋진 하루의 시작이다.

▶ 오늘을 최고의 하루로 시각화한다

매일 아침 잠에서 깬 직후에 눈을 감은 채로 오늘 하루를 상상해 본다. 마치 영화 감독이 시나리오를 짜듯 오늘 하루를 가장 멋지게 보내는 나를 상상한다. 중요한 강의가 있다면 그 강의가 성공적으로 끝나는 것을 상상하고, 미팅을 나간다면 활짝 웃으며 즐거운 시간을 보내는 모습을 상상한다. 오래 누워 있다 보면 다시 잠들 수 있어서 1분 정도로 짧게 한다.

▶ 거울 속 나와 하이파이브하기

일어나서 화장실에 가면 거울 속에 비친 내 모습을 본다. 얼굴도 부어 있고 머리카락도 엉망이지만 상관 없다. 거울 속 비친 내 눈을 응시하고 "유정아 사랑해!"라고 거울 속 나에게 얘기한다. 그리고 나 자신과 하이파이브를 한다.

▶ 축복 세 방울을 넣은 음양탕 마시기

간단히 세수와 양치를 한 뒤 음양탕을 만든다. 끓는 물 절반을 머그컵에 먼저 붓고 찬물 절반을 그 위에 부어 주면 온도 차로 소용돌이가 일며 따뜻한 물로 섞인다. 여기에 '건강, 사랑,

부'를 한 방울씩 떨어뜨려 준다고 상상하며 음미하며 마신다.

▶ 긍정 확언 필사하기

눈으로만 읽는 것보다 소리 내어 읽는 것이 강력하고, 소리내어 읽는 것보다 글로 쓰는 것이 더 강력하다. 나는 잠재의식 관련 책을 읽으면서 좋은 구절이 있으면 필사를 한다. 노트에 남긴다는 목적도 있지만, 내 마음 속, 머릿속에 새겨 버린다는 느낌으로 필사를 한다. 지금은 루이스 헤이의『치유』와『부의 초월자, 조셉 머피』를 필사 중이다.

▶ 셀프 동기부여하기

부정적인 생각은 수시로 고개를 들기 때문에 틈틈이 동기부여 영상을 듣는다. 운전할 때, 이동할 때, 집안일 할 때, 음식물 쓰레기를 버리러 갈 때도 이어폰을 빼지 않았다. 심지어 샤워할 때도 들었을 정도다. 물소리에 잘 안 들리지만, 한 단어라도 듣겠다는 심정으로 듣는 것을 멈추지 않았다. 뉴스, 드라마, 영화 보는 시간은 0으로 줄이고 동기부여 영상으로 대체했다.

아무리 뜨겁게 동기부여를 받아도 사흘, 아니 하루만 지나도 사람의 마음은 시들해진다. 이때 나를 붙잡아 줄 누군가가 있으면 가장 좋겠지만, 그럴 수가 없으니 영상의 힘을 빌려야 한다. 샤워를 매일 하듯, 동기부여로 매일 샤워하자.

▶ 감사합니다 천 번 외치기

하루 중 틈틈이 "감사합니다."를 중얼거린다. 천 번이라는 횟수에 집착하기보다는 그만큼 자주, 생각 날 때마다 되뇐다. 감사는 기분을 즉각적으로 바꿔 준다. 내가 당연하게 생각하는 것이 당연하지 않음을 깨닫게 되고, 이에 따라 감사함이 저절로 나오게 된다. 감사함은 '이미 받은' 상태이기 때문에 내가 원하는 것을 끌어당기는 효과도 강력하다.

▶ 취침 전 회고

잠들기 전 침대에 누워 오늘 하루를 회고한다. 즐거웠던 순간, 괴로웠던 순간을 모두 떠올리며 쓰레기통을 비우듯 머릿속에서 지운다. 밤 사이 잠재의식이 좋은 생각을 할 수 있게 좋은 생각을 하며 잠에 든다.

　　지금은 집을 사무실처럼 사용하기 때문에 별일이 없으면 하루 종일 집에 머무르는데 이런 생활이 며칠만 반복되어도 컨디션이 떨어지는 게 느껴진다. 하루에 최소 5분이라도 운동화를 신고 밖으로 나가는 습관을 들였다. 잠시라도 나갔다 오면 기분 전환도 되고 무엇보다 생각 정리가 되면서 아이디어가 떠오르거나 고민에 대한 답을 찾기도 한다.

3부

알을 깨고
더 큰 내가 되다

다시 태어나면 무엇을 할래?

⎯⎯◦ 나에게 맞는 일에게는 자연스레 끌리는
힘이 있다.

"좋아하는 일을 하세요."라는 얘기를 많이 한다. 특히 SNS에서 성공하기 위해서는 장기간에 걸쳐 콘텐츠를 꾸준하게 발행해야 하는데, 이때 이 주제에 대한 열정이 없으면 꾸준히 하기가 쉽지 않다. 그런 의미에서 좋아하는 것을 한다는 것은 꾸준함의 윤활유 역할을 한다.

나 역시 릴스를 좋아하지 않았다면 이렇게 꾸준히 할 수 없었을 것이다. 내가 릴스에 왜 이렇게 몰입하는지 처음에는 몰랐다. 릴스에서 내가 즐기는 요인들이 과거에 내가 밤을 새며 몰입했던 순간들, 무대에 대한 동경과 맞닿아 있다는 것을 깨닫고는 소름이 돋았다.

연세대학교에는 '아카라카'라는 응원단이 있다. 응원단은 다양한 대학 행사 때 분위기를 띄우고 열기를 더하는 역할을 톡톡히 하는데, 매년 열리는 연고전에서 특히 맹활약을 한다.

화려함과 강인함이 느껴지는 멋진 유니폼을 입고 쩌렁쩌렁 울리는 응원곡에 맞춰 강렬하게 춤을 추며 대중의 분위기를 압도하는 응원단원들을 본 나는 그곳의 일원이 되고 싶다는 생각을 했다. 하지만 나는 싱겁게도 지원조차 하지 않는다. 훈련 강도도 세고 연습 시간도 길어서 응원단 생활을 하면 학점을 잘 받기 어렵다는 이유 때문이었다.

아쉬운 마음이 잊힐 때쯤, 연고전 행사에 함께 뛰어 줄 기수단을 모집한다는 소식을 접하게 되었고 응원단에 대한 로망을 버리지 못한 나는 기수단에 지원하여 잠깐 활동을 하게 된다. 응원단과 똑같은 응원곡을 배우고 함께 무대에서 활동하면서 나는 마치 아카라카 응원단이 된 기분이었다. 하루 종일 응원하고 춤을 춰도 힘들지가 않았다.

대학생이 된 뒤 뮤지컬의 세계에 눈을 뜬 나는 노래와 춤, 연기까지 종합 예술을 펼치는 뮤지컬 배우가 세상에서 제일 멋있어 보였다. 누군가 나에게 "다시 태어나면 무얼 하고 싶어?"라고 물으면 나는 1초도 망설임 없이 뮤지컬 배우라고 답하곤 했다. 중학생 때 즐겁게 배웠던 재즈 댄스처럼 어린 시절 시간 가는 줄 모르고 몰입했던 것들을 돌아보면 대부분이 무대와 관련된 것들이었다.

이렇게 파편처럼 흩어져 있는 내 기억의 조각들은 가만히 살펴보면 한 곳을 향하고 있다. 바로 무대. 그리고 무언가를 표현하고 창의적인 활동을 하는 것. 나를 살아 있게끔 느끼게 하고 움직이게 하는 것의 열쇠는 여기에 있었다.

과거의 퍼즐이 맞춰지다

나에게 인생의 전환점이 된 릴스도 이 퍼즐에 딱 들어맞는다. 릴스는 나만의 작은 뮤지컬 무대였던 것이다.

릴스를 처음 접했을 때 나는 신기한 영상을 따라해 보고 싶은 마음으로 가득했다. 다른 사람들의 릴스를 분석하면서 비슷한 영상을 만들려고 혼자서 고군분투한 시간들이 이어졌다. 우여곡절 끝에 비슷한 영상을 완성했을 때의 성취감과 순수하게 몰입하는 시간이 좋았다.

내가 전달하고 싶은 메시지를 짜고, 촬영 방법을 고민해서 실제 촬영을 하고, 이를 더욱 돋보이게 해 줄 편집을 한다. 메시지에 맞는 옷을 입고 화장을 하며 때로는 연기도 한다. 이 과정에서 나도 모르는 나의 재능을 찾고 행복의 시간을 누적했다.

즐거우니 쉽게 몰입했고, 몰입이 반복되니 실력이 향상되었다. 어찌 보면 너무나 당연한 결과였다. 그 시간이 누적되니 나는 릴스 코치로 누군가에게 내가 가진 것들을 나눌 수 있는 사람이 되었다. 그리고 내가 원하는 메시지를 영상으로 잘 전달할 수 있는 역량까지 갖추게 된다.

내면의 소리를 들어 보자

통번역사라는 직업을 꿈으로 삼고 평생 언어 공부만 했던 내가 영상을 찍어서 만들어 보지 않았다면 이를 좋아하는지 절대 알 수 없었을 것이다. 릴스를 이렇게 좋아하는데 소질이 있는지도 모른 채 무덤에 들어갈 수도 있었다고 생각하면 정말 아찔하다.

내가 좋아하는 것이 무엇인지 몰라 혼란을 겪거나 좌절하는 경우를 많이 본다. 때로는, 내가 잘하고 좋아할 수 있는 영역을 모를 수도 있다. 내가 세계적인 첼리스트가 될 재주를 가지고 태어났었다면? 또는 골프 선수가 될 잠재력을 지녔다면? 첼로를 켜 보지 않고, 골프를 시도해 보지 않고는 평생 모르고 살다 생을 마감할 수 있다.

세상의 모든 일을 다 시도해 볼 수는 없겠지만, 나에게 맞는 일에는 자연스레 끌리는 힘이 있다. 세상의 기준을 내려놓고 내면이 끌리는 곳으로 몸을 움직이게 기회를 주자. 여기에서 주의할 점은, 순수하게 그 행동만을 생각해야지 '내가 이걸 잘 할 수 있을까? 이게 돈벌이가 될까?'라는 생각부터 해서는 안 된다.

모든 경험은 분명 어떤 방식으로든 활용된다. 스티브 잡스도 대학교 때 들었던 캘리그래피 수업이 매킨토시 폰트 개발에 결정적인 영향을 미쳤음을 자서전과 스탠포드 졸업 축사에서 강조한 바 있다. 다양하게 시도해 보고 도전해 보자. 설령 아무런 성과가 없이 끝나더라도, 나에 대해 알아가는 시간 그 자체로 빛나는 시간이다.

Note to self

나는 어떤 활동을 할 때 의미를 찾는가?

_____

_____

_____

_____

그 의미 있는 일을 더 많이 할 수 있는 방법은?

_____

_____

_____

_____

_____

하기로 한 일에는
'그래도'를 없애야 한다

───◔ 모든 일, 모든 상황, 모든 사람에게는 장단점이
있다는 것을 잊어서는 안 된다.
어떤 면에 집중할지는 나의 선택이다.

나는 켈리 최 커뮤니티에서 18개월간 자원봉사를 했다.
2020년부터 켈리 최 회장님은 인스타그램상에서 사람들의
습관과 끈기 형성을 도와주는 끈기프로젝트를 진행했다. 독
서 습관을 기르기 위해 100일간 매일 10분 이상 독서를 하고
인증하는 '끈기프로젝트 - 독서편', 운동 습관을 장착하기 위
해 100일간 매일 10분 이상 운동을 하고 인증하는 '끈기프로
젝트 - 운동편', 그 외에도 시각화, 100번 쓰기 등 다양한 프로
젝트가 진행되었다. 각 프로젝트는 네 명에서 많게는 이십여

명의 봉사자들로 구성된 팀이 운영을 담당했다.

프로젝트를 기획하고 인스타그램에 올라갈 콘텐츠를 만들고, 참가자들을 관리하고 이벤트를 진행하는 등 프로젝트를 진행하기 위한 제반 활동을 담당했다. 100일짜리 프로젝트이기 때문에 프로젝트 준비 기간과 진행 기간, 마무리 기간 등을 합치면 4개월이 좀 넘는 기간 동안 봉사를 한다.

과도한 업무량은 아니지만 4개월은 꽤 긴 시간이고 직장과 가정이라는 두 축을 중심으로 돌아가는 본인의 삶에서 새로운 프로젝트를 위한 시간을 마련하는 건 쉬운 일만은 아니다. 그렇기에 대부분의 사람들은 한번 봉사를 하고 끝낸다. 이례적으로 나는 영어 번역으로 시작해 18개월간 다섯 개의 프로젝트에서 봉사했다. 이유는 단순했다. 내가 얻는 게 많아서.

의미는 내가 만드는 것

직장에서 영어 통번역 일만 한 나에게 봉사팀에서 하는 모든 활동은 새로운 자극이었다. 줌 미팅으로 모여 진행 계획을 수립하고 함께 머리를 맞대고 아이디어를 짜고 협업을 하며 하나의 결과물을 만들어 냈다. 일의 처음부터 끝까지 혼자 처리하는 통번역 업무와는 정반대의 특성을 지니고 있었다.

온라인 마케팅을 하다 보니 사람들을 설득시키는 글도 써야 했고, 카드뉴스를 디자인하고 만들어야 했다. 이를 위해 디자인 프로그램인 캔바Canva 사용법을 배우고 프로젝트 관리를 위해 노션Notion을 접했다. 동영상 제작과 관련된 여러 가지 툴도 자연스럽게 배웠다. 켈리 최 회장님과 줌 미팅도 했고 직접 만나뵐 기회도 있었다.

물론 늘 감사하고 즐거운 건 아니었다. 봉사자로 선정되는 것도 나름 치열한 경쟁을 뚫어야 하기에 선발된 당시에는 모두 뛸 듯이 기뻐한다. 그리고 마치 평생 봉사를 할 수 있을 것 같은 마음을 가지고 시작한다. 하지만 한 달, 두 달이 지나면 초심은 희미해진다.

예상했던 것보다 많은 업무가 주어지는 경우도 있고 갑자기 일이 몰리는 경우, 위급 상황이 발생하는 경우, 투자한 시간을 그대로 날리는 경우 등 다양한 상황들이 발생했다. 팀원 한 명이 전체 분위기를 흐리기도 했고 소통의 문제로 오해

가 쌓이기도 했다. 하지만 서로 봉사하러 온 곳이니 피드백을
주기도 조심스러웠다.

　　이때의 선택은 두 가지이다. 봉사 활동의 좋은 점에 집중
하며 주어진 일에 묵묵히 최선을 다하거나, 단점을 언급하며
불만을 가지고 봉사 기간이 빨리 끝나기를 기다리거나. 어떤
일을 해도, 어떤 상황에 있어도, 어떤 사람과 함께 있어도 장
단점은 있기 마련이다. 나는 장점을 보기로 선택했다.
　　"그래, 배우는 것도 많고, 다양한 사람들과 함께 일하는
재미도 있고 너무 좋은 기회야. 그래도 이건 좀 불만이잖아?"
라고 생각하면 장점까지도 갉아먹는다. '그래도'를 아예 없애
야 한다. 물론, 개선할 부분은 의견을 내고 보완하는 게 좋다.
이를 위해서는 감정을 빼고 차분하게 대응하면 된다.

그 누구도 탓하지 말자

　　온라인상에는 수많은 강사와 강의가 넘쳐난다. 이 중에

는 누구나 이름만 들어도 아는 유명한 강사도 있고, 생전 처음 듣는 이름의 강사도 있다. 수천만 원 대의 고가 강의도 있고, 50,000원짜리 강의도 무료 강의도 있다. 어떤 강의는 정말 도움이 되지만, 어떤 강의는 시간 낭비라고 느껴질 정도의 강의도 많다.

나도 온라인으로 활동하며 인스타그램을 좀 더 잘 알고자, 콘텐츠를 더 잘 만들고 마케팅을 잘하고자 다양한 강의를 들었다. 이 중에는 천만 원대 강의도 있었다.

같은 강의를 들어도 반응은 사람마다 천차만별이다. 누군가에게는 그저 좋은 정보를 습득한 시간, 내가 공부했다는 뿌듯함을 안겨 주는 시간으로 남기도 한다. 누구에게는 그 강의에서 들은 말 한마디가, 강사의 행동 하나가 인생을 바꾸기도 한다. 사람마다 정보를 이해하는 수준이나 습득력이 다르고, 현재 상황이 다르고, 실행력도 차이가 나기 때문이다.

아무리 좋은 강의도 내 것으로 만들지 못하면 말짱 도루묵이고, 아무리 허접한 강의도 내가 배우는 게 있으면 된다. 내가 모르는 영역을 배우고 전진하기 위해 강의를 듣는데 강사에 대한 신뢰가 무너지면 나만 손해다. 의심이 들고 실천을 못하게 되기 때문이다. 강사를 탓하기 시작하면 비난과 책임을 모두 강사 탓으로 돌리게 된다. 이는 곧, 내가 실행을 하지 않아도 내 탓이 되지 않게 만든다. 누구의 손해인가?

굳이 하는 일에서 배우는 것들

나는 내 인스타그램 계정에 공지를 올려 릴스 강의 수강생들을 모집한다. 강의를 들은 수강생들은 기존 수강생들이 모여 있는 커뮤니티에 초대된다. 이 공간에서 수강생들은 릴스를 만들면서 궁금한 점을 물어보기도 하고 새로운 정보나 본인이 만든 릴스를 공유하기도 하고, 떡상한 릴스를 자랑하며 축하를 받기도 한다.

사실 이 커뮤니티는 의도적으로 만든 건 아니었다. 나의 첫 공식 강의였던 스릴 1기를 진행하며 한 달 동안 운영한 오픈톡방을 닫으려고 할 때 수강생들이 헤어지는 걸 아쉬워해 살려둔 게 시작이었다.

회차를 거듭하며 커뮤니티는 커지며 단단해졌고, 릴스를

통해 성장하는 계정들이 하나둘씩 생겨났다. 이 커뮤니티를 운영한 지 9개월쯤 되었을 때 실제로 만나야겠다는 생각이 문득 들었다. 그래서 2022년 봄에 나는 대구, 대전, 서울에서 총 4회의 오프라인 모임을 갖는다.

전국 각지에서 모인, 배경도 상황도 하는 일도 나이도 너무나 다른 각자가 릴스라는 공통의 관심사로 모여 릴스도 찍고 각자의 고민도 나누면서 너무나 좋은 시간을 가졌다.

"굳이 오프라인으로 만날 필요까지 있어?"

사람들은 참가비도 받지 않고 굳이 내 돈을 써 가며 오프라인 모임까지 하는 이유를 궁금해했다. 맞는 말이었다. 나는 서울에서 대구와 대전까지 시간과 돈을 쓰며 이동했고, 스튜디오도 빌리고 밥이라도 사려면 지출이 더 많이 발생했으니까. 하지만 나는 굳이 하는 일을 통해 오는 것들이 있다고 믿는다.

말씀은 고맙습니다만

"유정아, 봉사 그만 해도 되지 않아?"

"굳이 오프라인으로 만날 필요까지 있어?"

"그 사람 사기꾼 아냐?"

사람들은 의견 주기를 좋아한다. 나를 아껴서, 나를 생각해서, 나에게 도움을 주고 싶어서 말이다. 내가 커뮤니티에서 18개월간 자원봉사를 했을 때도, 천 만원 대의 강의를 들었을 때도, 사비를 들여 오프라인 모임을 주최했을 때도 모두 제각각의 의견을 전해 주었었다.

타인의 의견을 듣는 것은 중요하지만 모든 일, 모든 상황, 모든 사람에게는 장단점이 있다는 것을 잊어서는 안 된다. 어떤 면에 집중할지는 나의 선택이다.

봉사를 하며 내가 얻는 것과 배우는 것에 집중할 것인가, 부족한 부분이나 허비되는 것 같이 느껴지는 시간에 집중할 것인가? 단기적으로 아무런 수익을 가져다 주지 않는 커뮤니티 운영을 시간 낭비로 볼 것인가, 가치 있는 시간으로 볼 것인가? 만족스럽지 않은 강의라도 배울 건 배우고 실행할 것인가, 강사 탓만 하며 아무런 행동을 하지 않을 것인가?

장점을 보려고 노력해도 순간순간 단점이 보이면서 부정의 마음이 올라올 수 있다. 이럴 때는 내가 하는 행동에 더 큰 의미를 부여하면서 더 큰 교훈을 끄집어 내면 좋다. 봉사 자체의 의미를 더 크게 생각하고, 봉사에 대한 결과나 성과보다 봉사를 하는 그 시간 자체를 신성시해 보는 것이다. 예상보다 조금 아쉬운 강의였더라도 강사를 탓하기보다는 '앞으로 나는 저런 부분을 조심해야겠구나, 수강생들은 이런 걸 원하는구나' 하고 발전의 기회로 삼으면 된다.

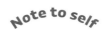

Note to self

현재 내가 처한 어려운 상황에서 긍정적인 면을 세 가지만
찾아 보자.

_____

_____

_____

_____

_____

_____

_____

_____

_____

마음이 흔들린다면
감사해야 한다

───✑ 기존의 가치를 버리고 새로운 가치를 받아들이
는 데에는 큰 용기가 필요하다.

우리는 각자의 신념대로 세상을 살아간다. '돈가스는 돼
지고기에 밀가루와 **빵**가루를 입혀 튀겨 낸 음식이다'라는 문
장은 사실이다. '돈가스는 세상에서 가장 맛있는 음식이다'라
는 문장에는 서술자의 신념이 담겨 있다. 신념은 무엇을 굳게
믿는 마음이다. 내가 옳다고 생각하는 가치 판단의 기준이다.
누군가는 동의하지만 누군가는 동의하지 않을 수 있다. 각자
의 고유한 경험에 따라 만들어지기 때문이다.

'좋은 대학을 나와야 성공적인 삶을 살 수 있다.'

'부자는 편법을 사용해서 부를 축적한다.'

'자식을 위해 내 생활을 희생하는 것은 당연하다.'

'대한민국은 헬조선이다.'

'아무리 친한 친구라도 10원 한 장 빌려주면 안 된다.'

이러한 말에 모두가 동의하지 않는다. 사실이 아닌 신념이기 때문이다.

우리는 삶을 살아가며 지인들에게 의견을 구하기도 하고, 구하지도 않은 의견을 듣기도 한다. 그런 누군가의 한마디는 우리에게 용기를 주기도 하고 상처를 주기도 한다. 수없이 흔들리고 깨져 본 끝에, 나는 우리가 타인에게 의견을 구하고 그것에 기대기보다 나 스스로 기준을 세우고 나만의 답을 찾기 위해 노력하는 것이 중요하다는 결론에 이르렀다.

여덟 개의 독서모임을 재능기부로 운영할 때 나는 수많은 질문과 의견을 받았다.

"너도 바쁜데 몇 개는 줄이지 그래?"

"다섯 개 정도가 적당하지 않겠어? 여덟 개는 너무 많다."

"너 몸 상할까 걱정돼."

주변인들이 별 생각 없이 던지는 의견과 질문에 흔들리는 경우가 있는가? 그건 이 사람이 나를 흔들어서가 아니라 내가 이미 흔들리고 있기 때문이다. 내가 미처 인지하고 있지 못했던 마음이 표출되도록 돌을 던진 것뿐이다. 고맙게 생각해야 한다.

'봉사 너무 오래 하고 있나?'라는 생각이 든다면 그 고민을 이미 하고 있었다는 의미이다. 나만의 기준이 없을 때 이런 말을 들으면 화가 나고 속상했다. 종착점이 없는 감정의 롤러코스터에 탑승하여 타인의 생각과 의견에 나의 감정을 내맡긴 건 확고한 기준이 없었기 때문이다. 확고한 기준이 있을 때 이 말들은 전혀 영향을 미치지 않고 튕겨져 나갔다.

그렇다면 흔들리지 않는 기준은 어떻게 세우는가? 어떤 기준이 나에게 맞는지는 어떻게 알 수 있는가? 단단한 기준을 한번에 세우기는 어렵다. 기준을 찾는 데에도 시간이 걸리고,

그 과정에서 시행착오도 거칠 것이다. 특히나 수십 년을 부모님이 강요한 기준, 사회에서 맞다고 주장하는 기준을 여과 없이 받아들이고 이에 맞춰서 살아왔다면 나만의 기준을 가지고 있을 가능성은 별로 없다.

이미 너무 익숙해진 기준이 진정 나의 기준이 맞는지 알아가는 데에도 시간이 필요하고, 기존의 가치를 버리고 새로운 가치를 받아들이는 데에는 큰 용기가 필요하다.

나만의 기준을 만들어 가는 세 가지 단계

나만의 기준을 수립하기 위해서는 다음의 단계를 거쳐야 한다.

첫째, 모든 명제에 물음표를 던진다. 우리는 다른 사람의 신념을 너무나 쉽게 나의 것으로 가져왔다. 이제 그 모든 신념에 딴지를 걸어 봐야 한다.

"티끌을 모으면 진짜 태산이 되는 거 맞아?"

"기버가 되면 나중에 더 큰 것이 돌아오는 게 맞아?"

"미라클모닝이 인생에 도움이 되는 거 정말이야?"

"다독하는 게 정말 좋은 거야? 차라리 인생 책 한 권을

반복해서 읽는 게 낫지 않나?"

그 어떤 신념도 정답이 없다는 것을 알면, 기존의 신념을

버리고 새로운 신념을 받아들일 수 있다.

둘째, 더욱 확장된 사고, 열린 사고를 할 수 있는 집단에

속한다. 유유상종의 원칙에 따라 주변에 있는 사람은 나와 비

슷한 환경, 사고방식을 가진 경우가 많다. 직장인들은 직장인

스러운 비슷한 사고방식을 가지고 있고, 사업가는 사업가다

운 마인드를 가지고 있다.

비슷한 가치관을 가지고 모인 사람들 사이에서 더 확장

된 사고는 비난과 무시를 쉽사리 불러온다. 꿈이 통하고 목표

가 통하는 집단에 속하라. 거기에서 응원과 위로도 받지만 동

시에 사고의 확장이 자연스레 일어나는 것을 체감할 것이다.

셋째, 치열하고 꾸준하게 고민해야 한다. 어쩌면 우리가 죽기 전까지 지속해야 하는 여정일지도 모르겠다. 이 지난한 여정을 독서로 뒷받침하면 더욱 빠르고 단단한 성장을 기대할 수 있다.

많은 사람들이 가는 평범한 길을 가면 이런 치열한 고민을 할 일이 별로 없다. 잘못되었다고 걱정하는 사람도 별로 없고 궁금해하는 사람도 없을 것이다. 남들이 하지 않는 걸할 때, 통념에서 벗어나는 것을 할 때 질문을 받는 상황에 놓이게 된다. 남들이 하지 않는 18개월짜리 봉사를 할 때, 남들은 돈 받고 하는 커뮤니티 운영을 무료로 할 때 등등 말이다.

당장 답이 나오는 건 아니지만, 답을 찾는 과정은 곧 나를 알아가는 과정이다. 지속적으로 스스로에게 질문을 던진 결과 나는 내가 살고 싶은 삶, 내가 중요하게 생각하는 가치, 나라는 사람에 대해 정말 많이 알게 되었다. 나는 앞으로도 내면의 목소리에 집중하고 외부 환경에 마음을 뺏기지 않을 것이다. 용기를 가지고 한 발씩 앞으로 나아갈 것이다.

Note to self

✍

나만의 기준이 없어 곤란했던 적이 있는가?

_____

_____

_____

_____

나에게는 어떤 기준이 필요한가?

_____

_____

_____

_____

결심만으로 정상에 오를 수는 없다

—⚬ 나는 이미 알고 있는 걸 반복하기를 거부했다.
바로 앞에 놓인 한 계단을 오르고 또 올랐다.

우리 집은 북한산 자락에 위치하고 있다. 집 근처 산책을 하다 보면 가파른 계단을 자주 마주한다. 이 계단을 쉽게 오르려면 계단이 끝나는 지점을 쳐다보며 오르는 대신, 다음 발을 내딛어야 하는 계단 하나에만 집중해야 한다.

'어후, 아직 이만큼이나 더 가야 하네', '한참 온 것 같은데 아직도 멀었네?'라고 생각하면 하염없이 힘들고 지루할 뿐이다. 끝을 쳐다보지 않고 바로 다음 발걸음만 생각하다 보면 잡념이 사라지고 생각이 단순해지면서 마음도 이내 평온해진다. 이렇게 한 계단 한 계단 발걸음을 옮기다 보면 어느새 정상에 도착한다.

결심만으로는 북한산 정상에 오를 수 없다. 우리가 다이어트를 결심한다고 성공하던가? 전혀 그렇지 않다. 결심은 길어 봤자 사흘 정도 지속되고 마치 기다렸다는 듯이 예전 생활로 돌아간다. 요요가 오지 않으면 다행이다.

우리는 왜 결심하는가

결심의 사전적 정의는 다음과 같다. '할 일에 대하여 어떻게 하기로 마음을 굳게 정함. 또는 그런 마음.' 왜 마음을 '굳게' 정하는 걸까? 어렵기 때문이다. 웬만한 노력으로는 안 되기 때문이다.

시작하기에 앞서 마음을 다잡고 목표를 세우는 것은 중요하다. 그러나 시작도 하기 전에 이미 어렵다는 걸 인정하면서 '갈 길이 멀구나.'라고 생각하지 않도록 조심해야 한다. 달성하기 결코 쉽지 않다는 것을 시작하기 전부터 인정해 버리면 불편하고 부담스러운 마음이 기쁘고 설레는 마음을 누르게 된다.

나 역시 시작 단계에서 '앞으로 500개의 릴스를 만들어야지!', '여덟 개의 독서모임을 운영해야지!'라고 생각했다면 아마도 중간에 멈췄을 것이다. 아니, 시작도 못했을지도 모른다. 너무 까마득하게 느껴지는 목표이기 때문이다. 그 과정에서 내 뜻대로 되지 않는 일이 생기거나 속상한 일이 생기면 그만두고 싶은 강한 유혹에 넘어갔을지도 모른다.

그래서 나는 당장 내 눈앞에 있는 릴스를 완성하는 데 집중했다. 그 다음 릴스의 퀄리티를 조금 더 높이는 것에 집중했다. 당장 내일 있는 독서모임에 집중했다. 멤버들을 잘 리드하기 위해 어떤 말을 할지, 무엇을 줄 수 있을지에 집중했다.

한참 와서 뒤돌아보니 내가 만든 릴스가 500편 이상 쌓여 있었고, 나는 대한민국 최초이자 최고의 릴스 코치가 되어 있었다. 한참 와서 뒤돌아보니 다섯 명의 리더와 100여 명이 참여하는 독서모임이 만들어져 있었고, 60,000명이 넘는 팔로워와 함께 성장의 경험을 나누고 있었다.

순간에 충실하고 몰입할 것

내가 릴스라는 세상을 알게 된 지 2년 반이 조금 넘었다. 이 기간 동안 나는 500개 이상의 릴스를 만들었다. 실제로 편집 애플리케이션에 저장된 릴스가 500개가 넘는데, 이틀에 한 개는 만들었으니 2년 반인 910일로 계산해도 얼추 맞다. 솔직히 말하면, 누군가 나에게 2년 반 전에 릴스 500개를 만들라고 했다면 한두 개 만들다가 그만두었을 것 같다.

영상 촬영과 편집 그 모든 것이 어렵고, 한 개를 만드는 데 반나절 이상이 걸리는 상황에서 500개는 너무 멀리 있는 목표였을 것이다. 나는 그저 하나를 만들고 또 하나를 만들었다. '이제 몇 개 만들었네'라는 생각도 하지 않았다. 순간에 충실했고 몰입했다.

따라해 보고 싶은 재밌는 릴스가 보이면 저장했고, 신기한 편집법이 보이면 방법을 연구했다. 내가 이해한 대로 촬영을 하고 편집을 했다. 그러다 보니 실패도 수없이 했다. 수많은 NG컷이 탄생했다. 편집을 막상 해 보려고 하니 생각한 대로 되지 않았다. 애당초 촬영부터 잘못해서 처음부터 다시 시작하기도 했다.

　나는 오직 '이 릴스를 완성하자'라는 생각만 했다. 그 다음 릴스는 지난 번보다 조금 더 잘하려고 애썼다. 지금까지 해 보지 않은 새로운 촬영 기법을 시도해 보고 새로운 편집 방법도 시도했다. 이미 알고 있는 걸 반복하기를 거부했다. 이렇게 바로 앞에 놓인 한 계단을 오르고 또 올랐다.

가장 간단한 것부터 시작할 것

　나는 독서모임을 만들려고 결심하지 않았다. 책을 혼자 읽는 것보다 함께 읽고 대화를 나누면 배움이 더욱 풍부해지는 것을 알게 되었다. 좋은 것을 함께 하고 싶은 마음에 만나는 지인들에게 독서모임을 같이 해 보자고 제안했다. 이를 통해 무엇을 이루겠다는 목표가 있던 것이 아니었기에 가벼운 마음으로 제안했고 시작했다. 당연히 체계 같은 건 없었다. 매주 시간을 정해 두고 만나는 것부터 시작했다. 이번주에 만나고 그 다음주에 같은 시간에 또 만났다. 이걸 반복했다.

독서모임이 이어지다 보니 어떻게 하면 이 시간을 더 유익하게 만들 수 있을까 고민하게 되었다. 어떻게 하면 책을 다 읽지 못했어도, 말 주변이 없거나 독서모임을 처음 해 보는 사람도 편안하게 참여할 수 있는 곳으로 만들까 고민했다. 긍정의 에너지를 주고받을 수 있는 방법이 무엇일지, 책을 읽는 데서 그치지 않고 실제로 삶에 적용해서 인생을 바꿀 수 있게 도와줄 수 있는 방법은 무엇일지, 각기 다른 인생의 단계에 있고 역량도 다른 사람들이 잘 어울리면서 참여하기 위해서는 무엇이 필요할지 고민했다. 그런 고민을 하면서 한 주 만나고 그 다음주에 또 만났다.

그렇게 나는 여덟 개의 무료 독서모임을 1년간 운영했고 더 의미 있고 유익한 독서모임이 되기 위해 유료로 전환하기로 결정을 내렸다. 2년 넘게 나는 한 주도 빠짐없이 독서모임을 운영했다. 독서모임이 주말 새벽 중심이라 크리스마스에 가족 여행을 가서도 호텔 화장실 바닥에 세 시간씩 앉아서 모임을 진행했다. 이제는 다섯 명의 리더가 전담하는 다섯 개의 트랙으로 운영되며, 9월에는 독서모임 참가비의 일부를 모은 600만 원을 사회 취약계층을 위해 기부했다.

우리는 새해가 되면 결심을 한다. 운동을 할 것이다, 저축을 할 것이다, 다이어트를 할 것이다! 하지만 결심을 하고 대단한 성과를 바로 내는 것은 어렵다. 이런 맥락에서 나는 '파이팅', '할 수 있어!'라는 단어도 별로 좋아하지 않는다. 이미 못할 가능성이 높다는 전제를 깔고 있기 때문이다. 지금 내가 할 수 있는 아주 작은 것을 하는 것이 중요하다. 그 순간에 몰입하고 지금 순간에 최선을 다하자. 그리고 이를 멈추지 않고 반복하자.

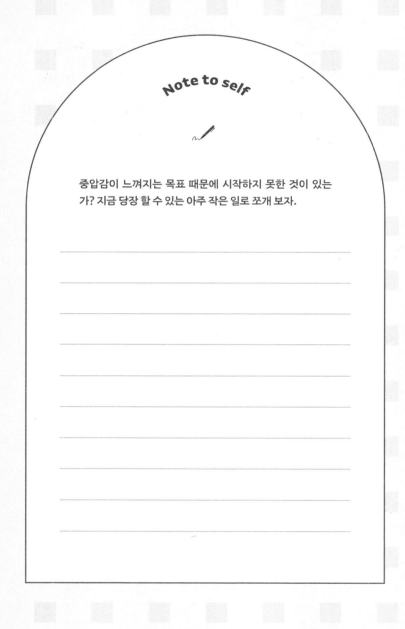

Note to self

중압감이 느껴지는 목표 때문에 시작하지 못한 것이 있는
가? 지금 당장 할 수 있는 아주 작은 일로 쪼개 보자.

우리 모두는 초보였다

—⟜ 전문가가 아니라고 시작하지 못한다면,
과연 그 어느 누가 시작할 수 있었겠는가?

준비된 사람만이 기회를 잡는다고 한다. '준비된 사람'이란 과연 어떤 사람일까? 전문지식으로 무장한 사람? 머리가 영특한 사람? 나이가 어리고 패기가 넘치는 사람? 경험이 많은 사람? 매 순간 최선을 다해 열심히 사는 사람?

내가 생각하는 준비된 사람은 '준비된 사람만이 기회를 잡는다'는 말을 믿고 별거 아닌 것 같은 사소한 일들을 하루하루 그저 해내는 사람이다. 비범함은 무수한 평범함이 쌓인 결과라는 사실을 이해하는 사람이다. 위대함은 위대한 일을 해서가 아니라, 작은 일조차 위대하게 하는 자세라는 것을 아는 사람이다.

완벽한 때는 오지 않는다

'준비된'이라는 말을 '완벽함'과 혼동하지 않았으면 한다. 우리가 어렸을 때부터 학교는 높은 점수라는 목표를 향해 치열하게 달리는 공간이었고, 시험을 얼마나 열심히 준비했는지 그리고 시험 점수가 얼마나 높은지에 따라 잘하는 사람 또는 부족한 사람, 똑똑한 사람 또는 멍청한 사람, 미래가 촉망받는 사람 또는 별볼일 없는 사람 등으로 끊임없이 평가를 받아 왔다. 우리는 미흡한 결과가 나왔다 싶으면 "제대로 준비안 한 거 아니야? 준비가 부족했네. 다음엔 좀 더 제대로 준비해야겠다." 등의 말을 자연스럽게 쓰는 어른으로 자랐다.

하지만 세상이 초 단위로 바뀌는 요즘에 완벽한 준비란 불가능해진 것일지도 모른다. 엄청난 학습과 공부를 통해 전문지식을 머릿속에 차곡차곡 쌓기보다 하나라도 실생활에 적용해 보는 것, 부족하고 모르는 게 많지만 일단 시도해 보는 것, 나에 대해 더 많이 알아갈 자세를 갖추는 것, 그 과정에서의 두려움과 아픔을 직시할 용기를 내는 것. 이제는 이런 것이 우리에게 필요하다고 생각한다.

프로 도전러, 프로 성장러가 되어라

릴스 강의를 하다 보면 '저는 전문가가 아니라서요' 또는 '이 정도는 누구나 알지 않을까요?'라는 걱정을 하는 수강생들을 정말 많이 만난다. 이때 나는 누군가에게 도움을 주기 위해 내가 꼭 그 분야의 내로라하는 전문가일 필요는 없다, 오히려 상대보다 조금 앞서가는 경우가 훨씬 도움이 되기도 한다고 이야기한다.

지금은 초보가 왕초보를 가르치는 세상이다. 누구에게나 초보 시절은 있다. 물론, 초보가 영원히 초보로 머무르면 안된다. 시작은 초보로 하되, 경험과 배움을 지속해서 실력을 향상시키면 된다.

전문가가 아니라고 시작하지 못한다면, 과연 그 어느 누구가 시작할 수 있었겠는가? 물론 분야에 따라서는 고도의 전문적인 훈련과 경험이 필요하다. 특히 사람의 목숨을 좌지우지하는 의사, 비행기 조종사, 정치인, 변호사, 원자력 발전소 관리자 등은 초보가 덥석 시도할 수 없는 일이다. 이런 전문 영역 외에 실생활에 도움이 되는 무언가를 알려주는 건 초보 수준에서도 충분히 가능하다.

나 역시 초보로 시작했다. 현재 나는 릴스 크리에이터이자 릴스 코치이지만, 영상 전공도 촬영 전공도 아니다. 소질이 있다고 얘기를 듣는 연기 역시 전공하지 않았다.

하지만 이는 내가 릴스 크리에이터가 되고 릴스를 가르치는 데에는 아무런 장애물이 되지 않았다. 오히려 비전문가들에게 용기를 주고, 값비싼 장비나 프로그램에 투자하지 않고도 손쉽게 시작하는 법을 알려줄 수 있어서 더 좋다.

장비와 프로그램에 투자하는 대신 나에 대한 투자는 아끼지 말자. 인터넷과 디지털 기기가 발달하기 전에는 특정 주제를 공부하거나 전공하기 위해서는 전문 기관에서 따로 공부를 해야 했다. 그러지 않고서는 해당 영역에 대한 정보를 확보하기가 매우 어려웠다.

전자사전이 나와서 환호하고 업종별 전문용어 모음집을 제본해서 애지중지 들고 다니던 게 통번역사로 경력을 막 시작했던 2000년대 초인데, 이제는 무거운 책도 사전도 다 필요 없어졌다. 스마트폰 하나면 모든 것을 검색할 수 있고, 심지어 통번역까지 기계가 하는 세상이 되었다. 유튜브로 창 던지기를 배워 올림픽 은메달을 딴 케냐 선수가 생각나는 대목이다. 무료 정보도 넘쳐나고, 유료 강의도 내가 원하는 것을 구미에 맞게 고를 수 있다.

나 역시 이러한 시대 흐름의 도움을 많이 받았다. 해외 릴스 코치의 릴스 강의를 수강하고, 촬영 및 편집 강의를 필요에 따라 들었다. 더 나아가 계정 운영을 잘하는 방법, 브랜딩과 마케팅 수업도 다양하게 듣고, 관련된 독서도 꾸준히 했다. 릴스 크리에이터와 코치인 나의 실력을 향상시키기 위한 투자였다.

100세를 산다고 치면 50세의 나이도 이제 겨우 반환점을 돈 것이다. 내가 원하고 마음만 먹으면 전문가가 될 수 있는 시대가 왔다. 전문가가 아님을 두려워하지 말고 배울 마음이 약함을, 초심이 꺾임을 두려워하자.

세상에는 무엇을 준비해야 한다는 말이 참 많다. 그것들 중 우리가 필수로 준비해야 할 것들이 있다면 바로 다음과 같은 것들이다.

새로운 것을 배울 용기, 미지의 영역에 한 발 내딛는 자세, 실패를 실패로 여기지 않고 툴툴 털고 일어날 마인드, 노력의 시간이 누적되면 결국에는 승리한다는 믿음이다.

Note to self

새로 도전하고 싶은 일이 있다면 무엇인지 적어보자.

내 인생을 풍요롭게 해 준 책들

자기계발이라는 세계를 전혀 모르고 성장에도 관심이 없었던 나를 변화시켜 준 책 리스트이다. 자기계발을 전혀 모르는 사람이 입문하기 좋은 책과 초급 단계에서 읽으면 좋을 책으로 구분해 보았다.

● 입문 단계

『2배속으로 월급 독립』, 포리얼, 베가북스

『내 인생 5년 후』, 하우석, 다온북스

『내가 확실히 아는 것들』, 오프라 윈프리, 북하우스

『당신은 도전자입니까』, 이동진, 다산3.0

『더 플러스』, 조성희, 유영

『데일 카네기 인간관계론』, 데일 카네기, 현대지성

『돈의 속성』, 김승호, 스노우폭스북스

『리딩으로 리드하라』, 이지성, 차이정원

『마음이 흐르는 대로』, 지나영, 다산북스

『미라클모닝』, 할 엘로드, 한빛비즈

『미움받을 용기』, 기시미 이치로, 인플루엔셜

『백만장자 시크릿』, 하브 에커, 알에이치코리아

『부의 추월차선』, 엠제이 드마코, 토트출판사

『부자 아빠 가난한 아빠』, 로버트 기요사키, 민음인

『부자의 그릇』, 이즈미 마사토, 다산북스

『역행자』, 자청, 웅진지식하우스

『우리는 모두 죽는다는 것을 기억하라』, 웨인 다이어, 토네이도

『웰씽킹』, 켈리 최, 다산북스

『청소력』, 마스다 미츠히로, 나무한그루

『치유』, 루이스 L. 헤이, 나들목

『크러싱 잇! SNS로 부자가 된 사람들』 게리 바이너척, 천그루숲

『파리에서 도시락을 파는 여자』 켈리 최, 다산북스

● 초급 단계

『10배의 법칙』 그랜트 카돈, 부키

『그릿』 앤절라 더크워스, 비즈니스북스

『기브 앤 테이크』 애덤 그랜트, 생각연구소

『스타트 위드 와이』 사이먼 시넥, 세계사

『네 안에 잠든 거인을 깨워라』 토니 로빈스, 넥서스BIZ

『다산의 마지막 공부』 조윤제, 청림출판

『레버리지』 롭 무어, 다산북스

『멘탈의 연금술』 보도 섀퍼, 토네이도

『몰입』 황농문, 알에이치코리아

『부의 해답』 존 아사라프, 머레이 스미스, 알에이치코리아

『비상식적 성공법칙』 간다 마사노리, 생각지도

『비즈니스 스테로이드』 포리얼, 마인드셋

『사장학개론』 김승호, 스노우폭스북스

『세이노의 가르침』 세이노, 데이원

『시크릿』, 론다 번, 살림Biz

『아주 작은 습관의 힘』, 제임스 클리어, 비즈니스북스

『아티스트 웨이』, 줄리아 카메론, 경당

『알면서도 알지 못하는 것들』, 김승호, 스노우폭스북스

『언스크립티드』, 엠제이 드마코, 토트출판사

『원씽』, 게리 캘러, 제이 파파산, 비즈니스북스

『위대한 나의 발견 강점혁명』, 갤럽 프레스, 청림출판

『이웃집 백만장자』, 토머스 J. 스탠리, 윌리엄 D. 댄코, 리드리
드출판

『절제의 성공학』, 미즈노 남보쿠, 바람

『조셉 머피 잠재의식의 힘』, 조셉 머피, 다산북스

『퓨처 셀프』, 벤저민 하디, 상상스퀘어

『흔들리지 않는 돈의 법칙』, 토니 로빈스, 알에이치코리아

4부

모두에게는
자신의 때가 있다

인생의 전환점에는 늘 사람이 있었다

——◦ 내가 올바른 길을 가고 좋은 사람이 되어
상대를 진심으로 위하면, 이를 알아보는
비슷한 사람들이 주변에 모인다.

나의 인생이 바뀐 전환점에는 늘 귀인이 있었다. 이들의 제안 하나, 이들이 알려 준 정보와 기회, 이들의 응원 한마디가 내 인생을 바꿔 놓았다. 내가 인스타그램으로 놀랍게 성장한 지난 2~3년만 되돌아봐도 은인이라 할 수 있는 수많은 이들이 떠오른다.

내가 커뮤니티에서 봉사를 시작할 수 있게 해 주고 독서모임에 도전할 수 있도록 이끌어 준 카페하린 대표 혜선 언니, 릴스 강의를 시작할 수 있도록 아이디어를 주고 용기를 준

해피스완 윤소영 작가, 나에게 다양한 양질의 강의를 소개해 준 라챌현주, 『역행자』자청 작가가 개최한 숏폼 콘테스트에 도전할 수 있게 정보를 준 딸기 약사, 독서모임을 체계화하고 성장할 수 있도록 지원해 준 조승희, 이은경, 김수미, 양혜경, 이연경 리더 등이다.

이들은 모두 흔쾌히 본인들이 가진 정보나 아이디어를 나에게 알려 주었고, 내가 주저하거나 망설일 때 용기를 주고 이끌어 주었다. 내가 요청한 것도 아닌데 이들은 왜 흔쾌히 나에게 도움을 주었을까? 나의 성공을 진심으로 응원해 주는 좋은 사람들이기 때문이었다. 이런 좋은 관계를 만들고 유지할 수 있었던 나만의 비결을 공개한다.

나와 함께 성장하는 내 편을 만드는 법

하나, 개개인의 장점만 본다. 나는 모든 사람을 멘토라고 생각한다. 모든 면에서 멘토는 아니지만 최소 한 가지는 나보다 낫다. 거기에 집중한다. 그러면 단점이 보이지 않는다. 자연스럽게 감사의 마음이 생긴다.

둘, 판단하지 않는다. 우리는 다른 사람을 있는 그대로 보지 않고, '나는 이런데 저 사람은 왜 저러지?'라고 잣대를 들이 댄다. 사람들이 나를 굉장히 편하게 생각하고 첫 만남에서 속마음을 털어놓는 경향이 있는데, 이는 내가 상대를 판단하지 않는다는 것을 직감으로 느끼기 때문이라 생각한다. 모든 것을 알면 모든 것이 용서된다고 했다.

셋, 남이 아닌 나를 통제한다. 남은 절대 바꿀 수 없다. 식습관, 운동, 독서, 그 아무리 나에게 좋은 것이라도 바꾸려는 건 강압이다. 나를 바꾸고 내가 나아지면 된다. 나에게 집중하자.

넷, 험담을 하지 않는다. 험담은 스스로에게 침을 뱉는 꼴이다. 또한, 남을 험담하는 사람과는 거리를 둔다. 그 자리를 떠나면 다음 험담 대상은 내가 될 확률이 높다.

다섯, 가는 사람 잡지 않고 오는 사람 막지 않는다. 모든 사람을 만족시키는 건 불가능하다. 사람들이 왔다가 떠나는 건 자연스럽다. 나도 그러지 않는가? 그저 올바른 길을 가고 나를 더 잘 알아가는 데 집중한다.

여섯, 즉각적으로 반응하지 않는다. 특정한 사안에 어떻게 반응할지는 순전히 나의 몫이다. 반응을 꼭 해야 하는 것도 아니다. 침묵의 힘은 강하다. 평정심을 연마하라.

일곱, '절대', '영원히', '무조건', '반드시' 등의 극단적인 단어를 쓰지 않는다. 사람 일은 한 치 앞을 모른다. 내일 나의 가치관이 어떻게 변할지, 상황이 어떻게 변할지 알 수 없다.

여덟, 몸소 보여 준다. 신뢰는 오랜 기간 행동으로 증명해야 한다. 내가 한 발 앞서가고 꾸준히 행동하는 모습을 보여 줘야 한다.

아홉, 함께 성장하고 잘되었으면 하는 마음을 가진다. 이는 세상은 무한한 풍요의 곳이라는 신념이 있어야 가능하다. 이를 위한 공부와 체화를 게을리하지 않는다.

나이가 들수록 시력은 떨어지지만 사람을 꿰뚫어보는 눈은 좋아진다고 한다. 온라인이어도, 전혀 모르는 사람이어도, 사람들이 느끼는 것은 참 비슷하다. 내가 올바른 길을 가고 좋은 사람이 되어 상대를 진심으로 위하면 이를 알아보는 비슷한 사람들이 주변에 모인다. 성공하는 건 시간 문제다.

Note to self

(pen icon)

내 편을 만드는 아홉 가지 방법 중에 내게 부족한 것이 있는
가? 이 중 가장 중요하다고 생각하는 하나를 선택해서 실천
해 보자.

_____

_____

_____

_____

_____

_____

_____

_____

환경과 관계를 재설정하자

───◌ 대단해 보이는 일들을 별일 아닌 듯 대하는 사람들 틈에 끼니 어느새 별일 아닌 것이 되었다.

'내 주변 다섯 명의 평균이 내 미래다'라는 말을 한 번쯤은 들어 봤을 것이다. 사람은 곁에 있는 사람과 영향을 주고받으며 살아가기 때문이다. 나와 친하게 지내는 사람은 나와 비슷한 생각과 가치관을 가지고 있는 경우가 많다. 같은 동네에서 자랐거나, 같은 직장을 다니거나, 출신 학교가 동일하거나, 현재 거주하는 동네가 같거나 등등. 생활 반경이나 환경이 비슷한 경우가 많은 것이다.

내 주변 사람들이 나와 비슷한 특징들을 공유하기 때문

에 이들을 합쳐 놓은 평균도 나와 비슷할 것이라는 결론에는 무리가 없다. 또한 이들과 나는 이변이 없는 한 앞으로도 비슷한 사고방식과 가치관을 가지고 살아갈 것이기 때문에 미래가 현재의 연장선상에 있을 것으로 예상할 수 있다.

내가 단기간에 빠르게 성장한 원인은 크게 두 가지이다. 하나는 환경 설정, 다른 하나는 좋은 멘토이다. 현재 나의 모습과 내 주변 사람들의 모습이 마음에 든다면 괜찮지만, 지금 나의 모습에 만족하지 못한다면 내가 원하는 모습대로 살고 있는 사람들이 모여 있는 곳으로 나의 활동 무대를 옮기는 것도 큰 도움이 된다.

환경을 바꾸면 일상이 바뀐다

늘상 TV를 배경 음악처럼 틀어 놓고 살던 집에서 TV를 치워 버리는 순간 더 이상 TV를 찾지 않게 되었다는 일화를 한 번쯤은 들어 봤을 것이다.

늘 과자를 쌓아 두고 먹다가 더 이상 사 놓지 않으니 자연스레 과자 먹는 횟수가 줄어든 경험을 한 번쯤은 해 봤을 것이다. TV 시청 시간을 줄이고 싶다면 TV를 없애면 된다. 책을 더 많이 읽고 싶다면 눈에 잘 띄는 곳에 책을 놔두면 된다. TV를 치우고 과자를 사지 않은 어떤 이처럼 나는 남 눈치를 보며 정작 내가 하고 싶은 것을 알지 못하는 삶, 내 생각을 제대로 표출하지 못하는 삶을 벗어나기 위해 회사를 벗어났다.

환경을 바꾸다 보니 멘토를 만날 수 있는 기회도 자연스럽게 찾아왔다. 퇴사를 하며 우연찮은 계기로 자기계발을 시작하게 된 나는 강의를 듣고 끈기프로젝트에 참여하면서 자기계발에 관심 있는 사람들과 친해졌다. 자기계발 세계가 처음인 나는 모든 게 신기했다. 끌어당김, 시각화, 100번 쓰기, 확언 등의 생전 처음 듣는 단어도 많았다. 더 놀라운 것은 이러한 자기계발을 꽤나 오래 전부터 하면서 성과를 낸 사람들이 있다는 사실이었다.

주변에서는 그렇게 찾아보기 어려운 사람들이 인스타그램에 다 모여 있었다. 매일 독서하는 습관을 가진 사람, 매일 운동하는 사람, 매일 오전 4시 30분에 일어나는 사람, 매일 식단을 철저하게 관리하는 사람 등 좋은 습관을 장착한 사람들이 주변에 많아졌다. 매일 운동하는 것이 당연한 사람들을 만나니 나도 자연스레 운동하게 되었다. 매일 새벽 5시부터 루틴을 무너지지 않고 해내는 사람들을 보니 나도 더 열심히 움직이게 되었다.

켈리 최 회장님이나 여타 자기계발 전문가들로부터도 값진 것들을 배웠지만, 내가 더 강한 도움을 받은 건 나보다 조금 앞서가는 자기계발 동지들이었다. 내가 이제 막 100번 쓰기를 시작했을 때 나보다 먼저 100번 쓰기를 완주해 본 사람, 100번 쓰기 했던 내용을 그대로 이룬 사람들이 큰 자극이 되고 도움이 되었다.

대단해 보이는 일들을 별일 아닌 듯 대하는 사람들 틈에 끼니 어느새 별일 아닌 것이 되었다. 아침에 일어나면 세수하듯, 그렇게 일상으로 변해 갔다.

틀린 것이 아니라 다른 것이다

새로운 습관을 만들고 새로운 삶을 만들어 가려면 기존 것을 버려야 한다. 냉장고도 안을 먼저 비워야 새로운 식재료를 넣을 수 있듯이 말이다. 이 과정에서 불가피하게 발생하는 갈등이 있는데, 바로 지금까지 이어온 인연들과 관계를 재설정하는 문제다.

관심사가 바뀌니 더 이상 친구들을 만나도 재미가 없다며 고충을 토로하는 경우를 나는 너무 많이 봤다. 나의 생각이 바뀌고 세상을 보는 관점이 바뀌니 기존 친구들과는 내가 안고 있는 고민거리에 대해 대화를 나누기도 어렵다. 그렇다고 관계를 끊자니 그간의 세월도 있고 갑자기 변했다는 욕을 듣는 것도 싫다. 발전적인 시간이 아니어서 그렇지 막상 만나고 나면 즐거운 시간이 되기도 하고 말이다.

하지만 내 인생의 주인공은 나이고 내 시간은 내가 지배할 수 있어야 한다. 그래야 내가 원하는 삶을 창조할 수 있다. 그동안 함께한 시간 때문에, 정 때문에, 의리 때문에 끌려다니기 시작하면 내 영화의 주인공 자리를 친구에게 내주는 것이

나 마찬가지이다. 그러고 싶은가? 내가 올바른 길을 가고 멋지게 성장한다면 주변 사람들도 이해해 줄 것이다. 이해하지 못하는 친구는 어차피 떠나갈 사람이다. 미련을 두지 말자.

거리를 두는 과정에서 '나는 너보다 우월한 삶을 사니까 너를 만날 시간이 없다'는 태도로 행동하지 않도록 주의하자. 그저 다른 방식으로 살기로 선택한 것뿐이지, 나는 성장하고 발전하는 동안 그들은 정체되어 있다고 우월주의에 빠지면 안 된다. 다른 사람의 삶은 그 삶 자체로 존중해야 한다. 선택의 문제이지, 맞고 틀리고 또는 이게 더 낫고 아니고의 문제가 아니기 때문이다.

담백하게 거리를 두되 추가로 확보한 시간과 에너지를 오롯이 성장하는 데에 투자하자. 이렇게 해서 꼭 성공한 후에 주변 사람들에게 더 도움이 되는 사람이 되면 된다. 이것이 더 멋진 일 아니겠는가!

Note to self

주변 환경을 바꾸기 위해 내가 할 수 있는 하나는 무엇인가?

_____

_____

_____

_____

_____

_____

_____

_____

_____

_____

멘토의 한마디가
새로운 생각을 열어 준다

── ᴄ 결국 내 안에 있는 것들을 끄집어 낼 수 있게
도와주는 멘토가 좋은 멘토이다.

지금 내 삶은 내가 지금까지 내린 모든 결정과 선택의 합
이다. 내가 특정 분야의 전문가라면 전문가가 되기로 결심하
고 거기에 노력과 시간을 투자했기 때문에 전문가의 자리에
올라설 수 있었을 것이다. 빚을 졌다면 번 돈보다 더 많은 돈
을 썼거나 잘못된 투자를 했거나, 누군가에게 돈을 빌려주고
받지 못한 결과이다.

건강이 좋지 않다면 충분한 휴식을 취하지 못했거나 체
력을 관리하지 못했을 수도 있고, 나쁜 식습관으로 건강이 악

화되었기 때문일 수도 있다(물론 유전적인 요인 등 통제 불가능한 요소는 예외로 한다). 내가 의도하지 않았을 수 있지만 어찌되었든 내가 취한 행동의 결과로 이 모든 일들이 발생했다.

인생에 변화를 원한다면 지금까지와는 다른 결정을 해야 한다. 결정을 바꾸려면 생각의 기준을 바꿔야 한다. 생각의 기준은 새로운 것을 배우기, 새로운 사람 만나기, 독서하기 등을 통해 바꿀 수 있다.

독서를 통해 우리는 이미 사회적으로 성공하고 인정받은 사람들의 경험과 지혜를 손쉽게 습득할 수 있다. 새로운 지식을 습득하거나 지혜를 깨닫게 되면 세상을 바라보는 관점이 달라진다. 새로운 만남을 통해 이전에 알지 못했던 세상을 접하게 되고 이는 다양한 기회로 연결될 수 있다.

사고방식의 틀 밖으로 벗어나라

하지만 새로운 것을 배우고 새로운 사람을 만나도 나 스스로 변화하는 폭에는 한계가 있을 수 있다. 아무리 생각을 바꾸려고 해도 내가 미처 인지하지 못하는 틀 안에 여전히 머무르고 있는 경우가 많기 때문이다.

그리고 누군가의 조언을 본인만의 방식으로 잘못 해석하면서 본질이 와전되는 경우도 많다. 내가 직접 겪었던 일화를 공유하겠다. 아이가 스스로 할 일을 하지 않는다고 고민하는 지인이 있었다. 자초지종을 들어 보니, 엄마가 마음이 급해서 아이가 해야 할 일을 먼저 나서서 해 버리는 경향이 있는 듯하여 아이에게 자율권을 주고 기다려 보라는 조언을 해 줬다.

며칠 뒤에 다시 연락이 오길, 기다려도 하지 않는다는 것이었다. 얼마나 기다렸는지를 물어보니, 두세 시간 정도 기다렸다는 것이었다. 나는 최소 며칠에서 몇 주는 시행착오를 겪도록 시간을 주라는 의미였는데, 이 동생은 몇 시간도 충분한 시간이라고 해석해서 벌어진 해프닝이었다.

우리는 모두 각자의 틀과 기준 안에서 무의식적으로 생각하고 판단한다. '충분한 시간'을 각자 다르게 해석한 예시처럼 말이다.

이럴 때 멘토의 한마디는 나의 틀을 깨고 미처 생각하지 못한 것들을 생각해 보게 하는 매우 좋은 기회가 된다. 나는 2023년 초에 기존에 진행해 오던 릴스 강의를 대대적으로 보완하고 업그레이드해서 2.0 버전을 런칭했다. 업그레이드를 위해 해외 릴스 코치 강의도 듣고 촬영과 편집 관련 강의도 들었다.

그 외에도 고가의 브랜딩 및 마케팅 강의도 수강하며 온라인 마케팅 역량을 배양하기 위해 많은 투자와 노력을 병행했다. 기존 강의와 형식도 다르고 커버하는 내용도 훨씬 광범위하게 보강했다. 강의의 질이 향상되었기에 금액도 올릴 계획이었는데, 적정 가격을 결정하는 게 너무 어려웠다.

나는 멘토에게 의견을 묻기로 했다. 멘토는 내가 생각하는 가격이 너무 저렴하다고 피드백을 줬다. 가격이 저렴하면 부담 없이 들을 수는 있지만 돈이 가는 데 사람의 마음도 간다고, 돈을 적게 받는다고 수강생에게 더 도움이 되는 것은 아니라는 요지였다. 오히려 어느 정도 투자를 하면 더 열심히 하게 되는 게 사람의 심리라는 것이었다. 또한 스스로의 가치는 스스로 만드는 것이기 때문에 스스로 가치를 낮게 책정할 필요가 없다고 말해 주었다. 그리고 한마디 더 해 주시길, "수강생들 중에 유정 씨보다 부자인 사람도 많아. 그 사람들의 재정 상태까지 걱정하는 건 유정 씨가 할 일이 아니야."

이 대화를 통해서 나는 가격 책정의 과정에서 내가 무엇을 두려워하고 있었는지를 깨달을 수 있었다. 나는 가격이 비싸져서 사람들에게 험담을 듣거나 수강생 수가 줄어들 것을 우려했다. 수강료가 높아진 만큼 수강생들에게 유용한 정보와 노하우를 더 많이 제공해야 한다는 부담이 생겼다. 효과를 보지 못한 사람이 있어서 강의에 대한 악평을 올릴까 두려웠다.

이런 마음은 다른 사람들의 시선과 평가를 과도하게 신경 쓰게 만들었고, 코치로서 더 많이 행동하고 성장해야 하는 책임을 회피하게 만들었다. 최선을 다해 강의를 준비하면 되고 수강생들이 많은 걸 얻어갈 수 있도록 신경 쓰면 될 일이었다. 타협하고 쉽게 가려고 하니 드는 마음이었다. 멘토와의 대화가 아니었다면 불안함과 초조함에 눌려 이런 마음을 알아채지 못했을 것이다.

멘토와 좋은 관계 맺는 법

첫째, 너무 멘토에게 의지하면 안 된다. 다시 말해 멘토에게 모든 문제에 대한 정답을 기대하면 안 된다. 멘토라고 모든 문제에 대한 정답을 가지고 있지 않다. 시시때때로 변하는 세상이고, 내가 하는 일과 나를 정확히 모르는 상황에서 답을 준다는 건 위험한 발상일 수 있다. 나보다 경험이 많고, 특히 내가 가고자 하는 길을 한 발 앞서 간 사람으로서 유의미한 의견으로만 받아들이면 된다.

둘째, 인생에 정답이라는 건 있을 수 없음을 기억하자. 사람마다 인생을 바라보는 가치관과 중요하게 생각하는 것들이 다르기 때문에 결국에는 본인이 최종 답을 만들어 가야 한다. 내가 너무 잘못된 길을 가지 않도록, 시행착오를 줄일 수 있도록 질문을 던져 주고 결국 내 안에 있는 것들을 끄집어 낼 수 있게 도와주는 멘토가 좋은 멘토이다.

셋째, 본인에게 너무 기대도록 만드는 멘토는 조심해야 한다. 오히려 멘토가 없을 때에도 스스로 생각하고 문제를 해결할 수 있도록 자립을 도와주는 멘토를 만나야 한다.

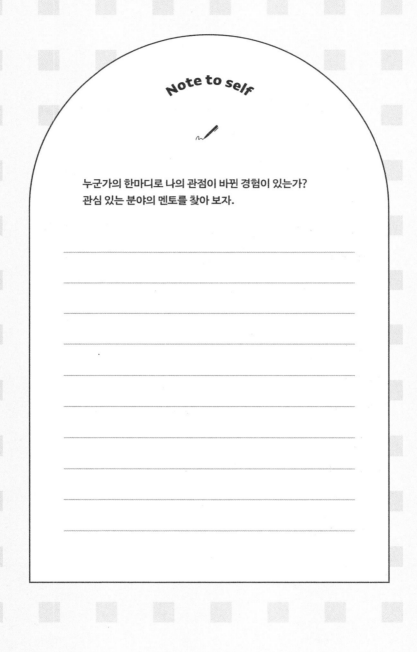

Note to self

누군가의 한마디로 나의 관점이 바뀐 경험이 있는가?
관심 있는 분야의 멘토를 찾아 보자.

누구의 조언을 들을 것인가

⎯◯ 그 누구도 나는 아니기 때문에
최선의 결정은 스스로 해야 한다.

인생을 살면서 문제에 부딪힐 때, 고민거리가 있을 때, 새
로운 것을 시도하려고 할 때 주변의 조언은 큰 도움이 된다.
하지만 잘못된 조언, 또는 섣부른 조언은 도움이 되기는커녕
일을 더 그르치거나 의욕을 꺾어 버리기도 한다. 조언이 다
같은 조언은 아닌 까닭이다. 나에게 도움이 되는 조언, 꼭 필
요한 조언은 어디에서 어떻게 얻을 수 있을까?

조언을 구하는 데에도 요령이 필요하다

나는 조언을 구할 때 다음의 원칙을 지킨다.

첫째, 내가 처한 상황과 비슷한 경험을 한 사람의 말만 듣는다.

육아에 관한 고민이 있다면 육아 선배한테 조언을 구하지 싱글에게 조언을 구하지 않는다. 사업 관련 고민이라면 이미 사업을 하고 있는 사람의 조언을 구한다. 인스타그램 관련 고민이라면 인스타그램을 이미 잘 운영하고 있는 사람의 조언을 듣는다. 이게 당연한 것처럼 들리는데, 의외로 이렇게 하지 않는 사람들이 많다.

일례로, 유튜브를 시작해 볼까 하는 고민을 유튜브를 하지 않는 직장 동료에게 물어본다. 사업을 하면서 겪는 고민을 옆집 언니에게 물어본다. 이때 얻는 조언은 두 가지 측면에서 위험하다. 우선 부정적인 의견이 나올 가능성이 높다. 대부분의 사람들은 새로운 도전이나 문제 해결 등에 대해 부정적이기 때문이다. 그리고 그 조언은 별로 도움이 되지 않는 것일 가능성이 높다. 그 조언이 무용지물이라는 의미는 아니다. 하지만,

아무리 공감 능력과 상상력이 뛰어난 사람도 직접 경험해 보지 않은 것에 대해서는 적절한 조언을 해 줄 수 없기 때문이다.

둘째, 진심으로 조언해 줄 수 있는 사람의 조언을 구한다.

내 고민을 털어놓았을 때 돌아오는 답의 내용을 자세히 관찰해 볼 필요가 있다. 나의 입장에서 진심으로 같이 고민을 해 주는 경우가 있고, 조언으로 포장이 되어 있지만 결국에는 본인 자랑을 하거나 나를 일방적으로 가르치려 드는 경우가 있다. 나를 위하는 척하지만 시기와 질투가 내재된 경우도 있다. 상대가 하는 말의 의도를 분석해 보자. 그러면 진심으로 조언하는지 아닌지를 분간할 수 있다.

또한 나와 상황이 비슷하거나, 같은 업종에 있는 사람은 자칫하면 경쟁의 대상으로 비춰질 수 있다. 그래서 나와 경쟁 구도가 될 수 없는 다른 업종 또는 나보다 이미 훨씬 앞서 가는 사람의 조언을 구하는 것이 순수한 조언을 보장할 수 있다.

셋째, 내가 구하지 않은 조언을 먼저 주는 경우는 피한다.

나는 조언을 구하지 않았는데 알아서 먼저 조언을 해 주는 경우가 있다. 나는 전혀 고민을 해 본 적도 없고 조언을 구한 적도 없는 주제인데 말이다. 일례로 내가 운동을 열심히 하는 모습을 인스타그램에 올렸는데 다짜고짜 그렇게 격렬하게 운동을 하면 활성산소만 많이 나와서 더 몸에 해롭다고 얘기하는 경우이다.

이런 사람은 본인만의 주장과 기준이 매우 강하고 남을 가르치려는 습성이 강하다. 상대를 비판하거나 비난할 수 있는 가능성도 매우 크다. 이런 말은 반박하지 않고 한 귀로 듣고 한 귀로 흘려보낸다.

넷째, 삶 전체에서 배울 점이 있는 사람의 조언을 듣는다.

삶 자체가 모범적이고 배울 점이 많은 사람의 조언을 듣자. 조언을 듣는다는 것은 이를 기반으로 의사결정을 내리고 행동을 하겠다는 것이다. 즉 내 인생에 변화를 주는 유의미한 행동이다. 그렇기에 누구의 의견을 듣는지는 매우 중요한데, 특정 분야에 대한 지식을 더 갖추었거나 나보다 성공한 사람도 좋지만 삶이라는 큰 틀에서 모범적인 삶을 사는 사람을 조언자로 두는 것을 추천한다.

나만이 내 인생에 대해 판단할 수 있다

사람은 모두 중요하다고 생각하는 가치관이 다르고 이에 따라 판단도 달라지기 때문에 나만의 가치관을 먼저 정립해야 한다. 다른 사람의 조언이나 의견을 무조건 수용하기보다는 나의 가치관 렌즈로 한번 더 검열을 해야 한다.

그 누구도 나는 아니기 때문에 최선의 결정은 스스로 해야 한다. 이를 다른 사람이 해 주기를 바라거나 답을 외부로부터 찾는다는 것 자체가 잘못된 자세이다. 이렇게 되면 자칫 수많은 강의를 듣고 수많은 사람들을 만나고 다니지만 시간 낭비, 에너지 낭비, 돈 낭비만 될 뿐이다.

내 인생에 맞는 답은 내가 스스로 내릴 수 있다는 믿음이 있어야 한다. 그리고 내면의 지혜가 나를 가장 올바른 최선의 길로 인도할 것이라는 것을 믿고 이에 따라 행동하는 용기가 필요하다.

인생을 살면서 내가 중요하다고 생각하는 삶에 대한 태도를 정해 보자.

'나는 몸이 부서지게 일을 하더라도 손꼽히는 부자가 될거야.'

'나는 먹고 살 수 있는 정도만 벌고 편하게 살고 싶어.'

'나는 결혼하지 않고 내 삶을 즐기면서 살거야.'

'나는 돈보다는 인간관계가 더 중요해.'

'나는 시간이 가장 중요한 자산이야.'

'나는 한 푼이라도 더 아끼는 게 중요해.'

이처럼 다양한 태도가 나올 수 있다. 사람마다 가지는 가치는 매우 다르다. 그 누구도 나의 삶이 옳다 틀리다, 성공이다 실패다 감히 판단할 수 없다. 그 판단은 나 스스로 하는 것이고, 그렇기에 내가 원하는 대로 삶을 만들어 가는 것도 온전히 나의 몫이다.

나를 잘 알지 못하는 타인의 조언은 힘이 없다. 진정한 힘은 바로 이 순간에 있으며, 내가 나를 사랑하고 있는 그대로 받아들일 때 우리의 인생은 잘 풀리게 된다.

Note to self

나는 엉뚱한 사람에게 조언을 구하고 있지는 않는가?
내면의 지혜를 키우기 위해 어떤 노력을 기울일 수 있을까?

_____

_____

_____

_____

_____

_____

_____

_____

_____

_____

_____

타인의 도움 없이는 성장할 수 없다

　　미국 명문 아이비리그인 코넬대학교에서는 별도의 입학식 대신 이틀간 학부모와 신입생을 위한 다양한 오리엔테이션을 진행한다. 학교 생활에 잘 적응하는 방법, 학교의 다양한 지원 시스템을 잘 활용하는 방법, 공부가 어려울 때 도움받는 방법, 응급 상황 시 대처법, 즐거운 학교 생활을 위한 프로그램 추천 등 학업뿐 아니라 대학 생활 전반에 걸친 다양한 것들을 알려 준다.

　　부모인 내가 들어도 유익한 조언들이 있었는데 오리엔테

이션에서 진행된 다양한 세션들을 관통한 조언은 '도움을 요청하기'였다. 학업에 어려움이 있을 때는 물론이고 인간관계에서 문제가 생겼을 때, 몸 상태가 안 좋을 때, 학교 생활에 적응이 어려울 때 등 언제든지 도움을 요청하라는 것이었다.

코넬대학교는 신입생 전원이 기숙사 생활을 하기 때문에 학교에 적응한다는 의미가 학생 생활의 훨씬 큰 부분을 차지한다. 학업도 취식도 인간관계도 모두 캠퍼스에서 이루어진다.

명문대답게 물적·인적 인프라가 너무나 훌륭하게 구비되어 있는데, 이걸 얼마나 잘 활용하느냐에 따라 대학 생활의 질과 학생이 얻어갈 수 있는 혜택의 편차가 엄청나게 클 수 있겠다는 점을 짐작해 볼 수 있었다. 학교는 학생의 성공을 위해 존재하고, 고액의 등록금을 내고 학교를 다니는데 풍부한 자원이 있더라도 학생이 활용하지 않으면 무용지물인 것이다.

곰곰이 생각해 보니 이는 비단 대학 생활에 국한된 조언이 아니라 삶 전반에 꼭 필요한 내용이었다. 우리는 혼자 살지 않고 삶의 곳곳에서 남의 도움을 받고 산다. 직장에서의 도움, 가정에서의 도움, 친구들 사이에서의 도움 등 우리가 당연하게 여기는 많은 것들은 모두 누군가의 도움을 받은 결과이다.

내가 지금 이 순간 이 글을 타이핑하고 있는 노트북은 수많은 사람들의 아이디어, 자본, 노동력이 결합된 결과물이다. 내 서재를 비춰 주는 전기는 수십 또는 수백 킬로미터 떨어진 곳에서 생산되어서 내 방까지 편리하게 전달된다. 나는 거기에 대한 응당한 대가를 지불함으로 상호 도움을 준다.

도움을 받는 것을 남에게 피해를 주는 것으로, 또는 나중에 갚아야 할 빚을 지는 것으로 생각하는 경우가 있다. 도움을 받는 것은 나쁜 것이 아니다. 내가 가진 시간, 체력, 역량과 경험에는 한계가 있다. 이는 다른 사람도 마찬가지이다. 주변의 자원을 적극적으로 활용하는 열린 사고와 겸손한 자세를 가지고 내가 가진 것을 상대방과 나누는 것은 너무나 마땅하고 또 필요한 일이다.

도움을 요청하지 않거나 받지 않으려고 하는 것은 불필요한 수고를 사서 하는 것이고, 자만의 결과일 수 있다. 무임승차하려는 마음으로 내가 해야 하는 부분마저 남에게 부탁하는 것은 바람직하지 않다. 하지만 내가 예의를 갖추고 적절한 상황에서 도움을 요청하면 상대도 흔쾌히 받아줄 것이다. 내가 도움을 줄 수 있을 때 주면 된다. 떳떳하게 요청하고 감사히 받고 나중에 흔쾌히 줄 수 있도록 하자.

5부

반드시 올 당신의
때를 만끽하는 법

나부터 나를 긍정해 줄 것

> ──⊙ 부정적인 태도, 염세적인 태도를 취하는 건 더
> 쉽다. 무엇이든 하지 않으면 되니까.

우리는 알게 모르게 스스로에 대한 정의를 수도 없이 내린다.

"나는 금손이야."

"나는 똥손이야."

"나는 길치야."

"나는 정보통이야."

강의를 하면서 내가 정말 많이 듣는 셀프 정의가 "저는 기계치라서요…"이다. 솔직히 이 말을 들으면 나는 화가 난다. 의외로 사람들은 스스로 부족하다는 낙인을 찍는다. 자발적으로 말이다.

스스로를 기계치라고 생각하게 된 데에는 여러가지 결정적인 사건들이 있었을 것이다. 그렇다고 자신의 능력을 과소평가하지는 말자. 특히 나와 비슷하거나 더 연배가 있는 사람이라면 컴퓨터나 스마트폰, 카메라 등의 전자기기는 매우 낯선 사물임에 틀림없다. 그렇기 때문에 나는 스스로를 기계치라 부르는 사람의 절반 이상은 실제로는 기계치가 아니라고 확신한다. 기계를 정말 못 다루는 게 아니라 익숙하지 않고, 사용에 친숙해지는 데 시간이 조금 들 뿐이다. 안 해 봤으니까.

릴스를 하려면 영상 촬영과 편집을 해야 한다. 방송국 PD나 마케팅 회사, 광고 회사의 직원이 아닌 이상 대부분의 사람들은 평생 영상 촬영과 편집 경험이 없다. 그런데 촬영이나 편집을 조금 해 보고, 때로는 시도해 보지도 않고 "저는 기계치예요."라고 얘기를 한다. 하지만 기초부터 차근차근 한 달만 꾸준히 하면 언제 그랬냐는 듯이 촬영도 편집도 곧잘 하고, "재밌어요!"를 연발한다.

이처럼 자신에 대한 부정적인 인식은 나의 능력을 과소평가하게 만든다. 긍정 에너지는 가려져 있던 나의 능력을 발견할 수 있는 힘이 된다. 나는 긍정적이다, 밝다, 에너지가 좋다는 얘기를 많이 듣는데 그 비법을 공개하겠다.

긍정 에너지를 끌어당기는 사람의 특징

첫째, 스스로 긍정적인 사람이라는 정체성을 세운다.

우리는 현재의 내 모습을 기준으로 '나는 이런 사람'이라고 쉽게 정의를 내린다. 그렇다면 내가 되고 싶은 모습, 나의 이상적인 모습을 미리 끌어 쓰면 어떨까? '나는 긍정적인 사람이 되고 싶어'가 아니라, "나는 긍정적인 사람이야."라고 당당하게 얘기하는 것이다.

물론, 하루를 살다 보면 일이 내 맘대로 풀리지 않기도 하고 아이들이 속을 썩이기도 한다. 이럴 때 '내 인생은 왜 이럴

까? 이러니 내가 부정적일 수밖에 없지.'라는 믿음을 가지고 있다면 짜증과 답답함이 올라올 것이다. 반면, '나는 긍정적인 사람이야'라는 자아 이미지를 가지고 있으면 상황이 좋지 않아도 부정적인 반응이 줄어든다. 더불어 내가 긍정적인 사람이 되기 위해 할 수 있는 행동을 저절로 하게 된다.

자신이 바라는 최상위 수준의 정체성을 본인에게 입히자. '나는 초긍정적인 사람이다'처럼 성격에 관한 것일 수도 있고, '나는 압도적 릴스 코치다', '나는 서울 최고의 요리 실력을 가진 엄마'처럼 능력과 관련된 것일 수도 있다. 어느새 이 정체성에 어울리는 나를 마주하게 될 것이다.

둘째, 늘 긍정적일 수 없음을 인정하라.

우리는 마치 긍정은 마법의 단어이고 부정은 저주의 단어인 양 생각한다. 우리는 평생을 살면서 부정적인 가치관을 주입당했다. '인생은 쉬운 게 아니다', '사람 쉽게 믿지 말아라', '그 정도로는 부족하다', '너는 멍청해', '돈이 많다고 행복한 건 아니다' 그리고 그것이 현실적인 것이라고 착각했다.

내가 부정적인 사람이어서 부정적인 생각을 하는 게 아

니다. 수십 년간 대부분의 사람들은 부정의 암시를 끊임없이 들어왔다. 특히, 아무런 여과 장치가 없는 어린 시절, 이러한 내용은 머릿속에 그대로 흡수되고 반복되면서 신념으로 굳어진다.

어느 날 문득 "아, 더 긍정적인 사람이 되어야겠다!"라고 외친들 하루아침에 절대 변하지 않는다. 부정을 싸워 없애려고 너무 애쓰지 말자. 사흘 묵은 때 빼기도 어려운데, 수십 년간 차곡차곡 누적된 부정의 메세지가 금세 빠져나가길 바라는 게 오히려 욕심이다.

지금의 내 상태를 인정해 주자. 스스로에게 미안하다고 하자. 그동안 혼자 싸우느라 애썼다고 토닥여 주자. 어두움이 없으면 빛이 없듯이 부정이 없으면 긍정도 없다. 부정도 생존을 위해, 스스로를 보호하기 위해 필요한 감정임을 기억하고 인정해 주자. 그리고 나서 긍정의 생각을 갖기 위해 노력해 보자.

셋째, 긍정을 때려 부어 부정을 쓸어내라.

이런 영상을 본 적이 있다. 유리컵 안에 물이 담겨 있고 그 속에 검은색 잿더미가 둥둥 떠다닌다. 숟가락을 들고 잿더미를 퍼내는 건 엄청난 노력이 들고 깨끗하게 제거하기도 어렵다. 숟가락으로 잿더미를 하나하나 덜어내는 대신, 컵 안에 깨끗한 물을 다량 부어 버리면 순식간에 물이 깨끗해진다.

부정의 생각은 시도때도 없이 무의식적으로 떠오른다. 그럴 때마다 부정적인 생각을 억누르기보다는 긍정의 마인드를 계속 주입시켜 부정의 생각이 올라올 틈이 없게 해야 한다. 내가 사용한 방법은 다음과 같다.

● 영상 보기

긍정 때려붓기를 위해 내가 압도적으로 많이 활용한 건 '청각'이었다. 부정의 말을 귀로 듣고 자랐으니 다시 귀로 덮는 전법이다. 요즘은 유튜브, 팟캐스트 등으로 시간과 공간에 구애받지 않고 콘텐츠를 들을 수 있다. 참으로 감사한 환경이다.

나는 유튜브로 내가 좋아하는 자기계발 채널의 영상을 끝도 없이 들었다. 3년을 꽉 채워 집중적인 때려붓기 시간을 가졌더니 긍정의 생각이 저절로 많이 스며들었다. 매순간 긍정적인 생각을 할 수는 없지만 적어도 부정적인 생각이 들어오면 알아차리는 인지력도 강해졌다.

부정의 마인드에서 긍정의 마인드로 옮겨오는 데 걸리는 시간은 사람마다 다를 것이다. 원래 부정적인 생각이 얼마나 강하게 뿌리박혀 있는지, 하루 중 듣기에 할애할 수 있는 시간이 얼마나 있는지 등에 따라 말이다. 중요한 건 내 마음이 하루아침에 바뀌지 않는다는 것과 일정한 시간을 주고 꾸준히 노력해야 한다는 점이다.

● 책 읽기

영상은 귀로 편하게 들으며 물량공세를 하는 거라면, 책 읽기는 한 자 한 자 마음에 새기는 시간이다. 자기계발과 동기부여 책, 인간관계나 심리, 뇌과학에 관한 책도 두루 읽었다. 특히나 오래 붙잡아두고 싶은 내용은 필사를 해서 따로 정리를 했다. 사실 요즘 시대에 펜을 잡고 글을 쓰는 건 상당히 고통스러운 일이다. 특히나 나는 악필이어서 내가 쓴 글을 보는 것 자체가 스트레스인데, 이 시간을 인내하면서 변화에 대한 의지를 다지고 필요한 지식도 다시 한번 정리할 수 있었다.

● 성장하는 커뮤니티의 일원이 되기

나와 함께하는 사람들의 영향력은 생각보다 강하다. 지금까지 관계 속에서 주로 불평과 불만을 많이 나누었다면 익숙한 관계에서 잠시 벗어날 것을 권한다. 관계가 깨질 것을 너무 두려워하지 말아라. 양해를 구해도 좋고 굳이 설명하지 않아도 좋다. 기다려 주고 이해해 줄 사람은 그럴 것이고, 아닌 사람은 어차피 내 사람이 아니다.

긍정적인 사람들이 많이 모여 있는 집단의 일원이 되어라. 요즘은 온라인으로 관심사가 비슷한 사람들을 만나고 커뮤니티를 찾기가 너무나 쉽다. 이 얼마나 감사한 일인가! 일반적으로 성장을 추구하는 사람들, 삶의 뚜렷한 목표가 있는 사람들은 긍정적이다.

● 셀프 파악하기

나는 어떤 상황에서 긍정의 마인드를 느끼고 기분이 좋은가? 반대로, 나는 어떤 상황에서 부정적인 생각이 고개를 들고 기분이 가라앉는가? 나 자신을 진단해 보자. 예를 들어 나는 새벽 기상을 하는 날은 긍정 마인드가 최고조에 달한다.

아직 해가 뜨지 않은 시간에 일어나 명상도 하고 운동도 하고 책도 읽는 내 자신이 너무나 기특하기 때문이다. 저절로 미소를 머금고 노래를 흥얼거리게 된다. 또는, 야식을 먹고 싶은 충동을 참고 잠자리에 들어 가벼워진 몸 상태로 일어나는 날 나는 기분이 좋다.

반대로 잠시 열었던 인스타그램에서 이것저것 보느라 한두 시간을 그냥 허비하면 기분이 확 나빠지면서, '이래서 네가 뭘 하겠니?'라는 부정적인 생각이 올라온다. 또는, 충동구매를 하는 순간은 기분이 좋지만 불필요한 지출을 한 자신을 보면서 기분이 다운된다.

이렇게 스스로 긍정과 부정을 느끼는 상황을 파악하고 긍정 모드는 강화하고, 부정 모드는 줄여 보자. 새벽 기상이 긍정 마인드에 도움이 된다면 새벽 기상을 늘리자. 충동구매로 스스로를 자책하게 된다면 충동구매를 하지 말자.

이렇게 하는 이유는 아무리 긍정 마인드를 가지려고 해도, 마음 속 깊이 '나는 안 되는 사람이야. 나는 한심해. 나는 제대로 하는 게 없어.'라는 생각이 뿌리내리고 있으면 긍정이 튕겨져 나가 버리기 때문이다. 사람들은 이성적이고 논리적이기 때문에 내가 긍정적인 사람이라는 증거가 되는 행동으로 성취감을 느껴야 한다. 이때 성취란 마라톤 풀코스 완주, 팔로워 10,000명 달성과 같은 것을 의미하는 게 아니다. 하루 책 1페이지 읽기나 걷기 5분과 같은 작은 성공을 자주 경험하는 게 훨씬 의미가 있다.

지금 떠오른 활동이 있는가? 그것을 다음 장에 적어 보고 작은 단위로 쪼개 보자. 그리고 지금 당장 실천해 보자.

사실 긍정적인 자세로 산다는 것은 많은 용기가 필요하다. 부정적인 태도, 염세적인 태도를 취하는 건 더 쉽다. 무엇이든 하지 않으면 되니까. 하지 않을 구실을 만들어 주니까.

"성공해 봤자 행복한 건 아니더라구."
"부자가 되는 사람은 뭔가 구린 게 있어."
"그거 해 봤자 소용없을 걸."
"나는 도저히 시간이 안 나."

부정적인 에너지에 가득 찬 사람은 도전을 부정하고 거

부한다. 온갖 핑계를 갖다 대면서 말이다. 긍정적이라는 것은 해 보겠다는 의지이다. 원하는 것을 적극적으로 쟁취해 보겠다는 뜻이다. 긍정의 힘을 믿기로 결정하는 순간 우리는 엄청난 노력을 해야 한다. 그래서 긍정은 용기가 필요하다.

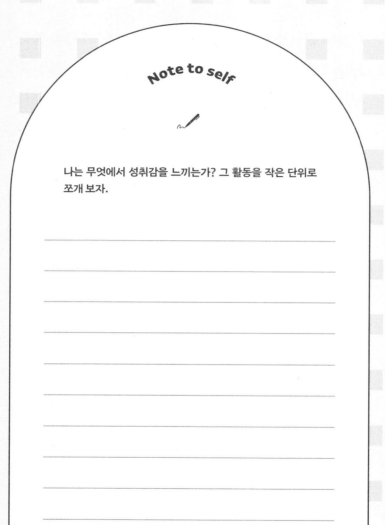

Note to self

나는 무엇에서 성취감을 느끼는가? 그 활동을 작은 단위로
쪼개 보자.

지금 여기에서 행복할 것

—◦ 행복은 조건이 갖춰진다고 오는 것이 아니다.
기다린다고 오는 것은 더더욱 아니다.

나는 명품에 관심이 없기 때문에 명품 핸드백이나 옷을 자랑하는 사람을 봐도 아무런 감정이 들지 않는다. 저 사람은 명품을 좋아하는구나, 저 브랜드를 좋아하는구나 하는 생각으로 끝이다. 그러나 말을 잘하는 사람, 스마트하게 인스타그램 계정을 잘 키우는 사람을 보면 부럽고 우울해진다. 내가 말을 잘 하고 싶고, 인스타그램 계정을 잘 키우고 싶기 때문이다.

얼마 전에도 며칠간 불안감과 우울감, 무기력에 빠져 괴로웠던 적이 있다.

'지금 하는 일 얼마나 오래 할 수 있을 것 같아?'

'너무 일만 하는 거 아니야?'

'여전히 낭비하는 시간이 많잖아.'

'넌 큰 사람이 될 그릇이 못 돼.'

'야물지도 못하고 어리버리하잖아.'

'더 빨리 성장하는 사람들 좀 봐.'

'네가 가는 길이 잘못된 길이라면 어쩔래?'

이런 생각들이 나를 괴롭히고 있었다. '지금 이 감정을 왜 느끼는거지?'라는 질문 하나만 들고 조용히 두 시간 정도를 걷다 뛰다 했다. 처음에는 안갯속을 걷는 것처럼 이유를 찾지 못했다. 시간이 지나니 조금씩 안개가 걷히듯 실마리가 보였다.

인스타그램을 둘러보다가 최근에 급성장한 릴스 코치를 보았던 것이었다. 얼굴도 호감형이고 말도 잘하고 스마트한 느낌이 팍팍 났다. 릴스 코칭으로 이미 성과를 내고 있었고 곧 더 클 것 같은 느낌이 들었다.

'나에게로 올 수강생들이 줄어들면 어쩌지?'

'나는 요즘 꿀팁보다는 동기부여 영상을 많이 올리는데,

다 저기로 빼앗기는 것 아닐까?'

'그러면 나는 릴스 코치를 계속 할 수 있을까?'

꼬리에 꼬리를 무는 이 질문들이 나를 집어삼키고 있었던 것이다.

언제까지 비교만 할 텐가

사실 비교는 끝이 없다. 나보다 잘난 사람은 늘 있기 마련이다. 공부면 공부, 외모면 외모, 언변이면 언변, 나이면 나이. 외모라는 하나의 조건만 봐도 나보다 뛰어난 사람들은 부지기수인데, 조건별로 비교를 하기 시작하면 정말 끝도 없다. 실패할 리 없는 불행의 레시피이다. 외모가 뛰어난 연예인들조차도 본인의 얼굴에 만족하지 못한다고 하지 않는가?

비교를 통해 자극을 받고 이를 긍정적인 에너지로 사용

할 수도 있다. 하지만 대부분은 비교로 고통을 받고 스스로를 괴롭히게 된다. 인간은 원래 가만히 있으면 부정적인 생각을 하게 되는데, 비교는 여기에 기름을 붓는다. 게다가 요즘에는 인스타그램, 유튜브, 블로그 등의 SNS로 타인의 큐레이션된 멋진 삶을 시도때도 없이 접한다. 예전에는 어릴 때 친구, 회사 동료, 옆집 엄마와 비교를 했다면 이제는 전국을 넘어 전세계적으로 비교할 대상이 넘쳐나게 된 것이다.

나도 비교에서 자유롭지 못하다. 인스타그램에는 나보다 더 빠르게 성장하는 계정들이 넘쳐나고, 나보다 훨씬 어리고 예쁜 사람들이 넘쳐난다.

나보다 말을 더 잘하는 사람, 더 유머러스한 사람, 더 몸매가 좋은 사람, 글솜씨가 좋은 사람, 미적 감각이 뛰어난 사람, 독서를 더 많이 하는 사람, 남편이 더 다정한 사람 등등. 비교는 무한대이다. 끝이 없다. 아예 아무도 만나지 않고 외딴섬처럼 살지 않는 이상 비교는 불가피한지도 모르겠다.

비교를 하지 않기 위해서는 나를 있는 그대로 받아들일 줄 알아야 한다. 비교를 하면서 우울한 것은 내가 가지지 못한 것을 누군가가 가지고 있고, 그것이 있으면 더 행복하지 않을까 하는 생각 때문이다.

내가 조금 더 예뻤다면, 조금 더 똑똑했다면, 남편이 조금 더 잘났다면, 아이가 공부를 조금 더 잘했다면, 그러면 내 인생이 더 잘 풀리지 않았을까 하는 바람이 깔려 있다고 생각한다. 그러나 행복은 조건이 갖춰진다고 오는 것이 아니다. 기다린다고 오는 것은 더더욱 아니다.

지금 행복하지 못한 사람은 상황이 나아져도 행복해질 수 없다. 그렇기 때문에 지금 행복할 수 있어야 한다. 행복은 조건부가 아니고 선택의 문제이기 때문이다. 지금의 상황에서 감사한 것, 나를 행복하게 해 주는 요소를 찾아보자.

비교로 괴로운 생각이 들 때, 이를 오히려 나를 파악하는 계기로 삼자. 비교는 나의 욕구를 비춰 주는 거울이다. 예를 들어 누군가의 날씬한 몸매와 나를 비교하고 있다면 나도 그런 몸매를 가지고 싶은 것이다. 이를 인정하고 식단을 관리하고 운동을 하자. 애당초 외모에 관심이 없으면 몸매가 좋은 사람을 봐도 비교를 하며 우울한 감정이 들지 않는다.

비교에서 단숨에 빠져나오는 법

원인을 파악했다면 일단 절반은 성공이다. 이 생각들을 마치 지나가는 행인 바라보듯이 한 발 물러서서 바라보면서 무력화시키면 된다. 내가 사용하는 방법은 아래와 같다. 여러 가지 방법을 시도해 보면서 나에게 맞는 방법을 찾은 것이다. 각자만의 방법이 있을 수 있으니 나의 방법을 바탕으로 다양하게 시도하면서 본인에게 맞는 방법을 찾길 바란다.

● 걷기

무조건 밖으로 나가서 걷는다. 우울증에서 벗어나는 가장 쉬운 방법이 걷기이다. 걷기의 장점은 생각보다 굉장히 많다. 우선 움직이기 시작하면 머릿속을 가득 채운 생각이 비워지기 시작한다. 주변을 찬찬히 둘러보면 더 좋다. 의식이 집중하는 대상이 바뀌기 때문에 머리가 가벼워진다. 몸을 움직이면 활기가 생기게 되고 마음의 여유가 조금이라도 생기면서 차분해진다.

● 확언

긍정확언이라고도 하는데, 좋은 말들을 스스로에게 해주는 것이다. 시도때도 없이 올라오는 부정의 말들을 차단해주고 내가 해야 할 것들에 집중하게 도와준다.

● 감사일기

현재 내 상황에서 감사한 것을 글로 적어 보는 것이다.

● 독서

독서를 통해 매몰되어 있는 생각에서 벗어나 평정심을 찾고 상황을 객관적으로 인식할 수 있게 된다. 상황별로 내가 바로 집어들 수 있는 책이 있으면 좋다. 우울할 때 꺼내 볼 책, 인간관계에 문제가 있을 때 집어들 책, 동기부여를 받고 싶을 때 볼 책 등. 그러려면 평소에 독서를 하며 다양한 책을 읽고 이 중에 특히나 도움이 된 책 목록을 뽑아 두거나 좋은 문구들을 따로 정리해 두면 좋다.

나는 인간관계 고민이 있을 때 『데일 카네기의 인간관계론』, 『말그릇』, 『존 맥스웰 리더십 불변의 법칙』을 꺼내 본다.

강인한 마인드를 새기고 싶을 때에는『10배의 법칙』,『시작의 기술』을 본다. 풍요의 마인드가 필요할 때는『치유』,『시크릿』,『조셉 머피 잠재의식의 힘』을 읽는다.

위 방식의 공통점은 비교로 우울해진 마음과 생각에서 벗어나서 생각을 전환한다는 것에 있다. 이를 통해 생각은 그저 생각일 뿐이고 실체가 없다는 것을 깨닫게 된다. 감정의 소용돌이에서 한 발 물러나 객관적인 입장을 취할 수 있게 된다.

상대가 가졌다고 내가 못 가지는 게 아니고 다른 사람의 이득이 나의 손실이 아니라는 풍요의 마인드를 장착해야 한다. 이런 과정이 처음에는 쉽지 않을 것이다. 감정을 인식하고 원인을 파악하고 여기에서 빠져나오는 일련의 과정이 낯설기 때문이다. 하지만 반복하면 이것도 차차 나아진다. 벗어나는 데 걸리는 시간이 짧아진다. 깊이도 덜해진다. 성공자들은 모두 가지고 있다는 회복탄력성이 좋아지는 것이다.

위에서 내가 취하는 행위들은 친구와 수다를 떨거나, 영화를 본다거나, 맛있는 걸 먹는다거나 하는 피상적인 해결책이 아니다. 사실 이건 해결책이 아니고 잠시 도피를 하는 것이다. 친구와 수다를 떤다고, 쇼핑을 한다고, 여행을 다녀온다고 문제가 해결되지 않는다. 감정과 생각이 사라지지도 않는다. 튀어오를 스프링을 땅 속에 일단 묻는 것밖에 되지 않는다. 내가 느낀 감정과 생각을 직시하고 알맞은 방법으로 다뤄야 한다. 불편하고 괴로울 수 있다. 용기가 필요할 수 있다. 하지만 해야 한다. 그래야 더 큰 문제로 커지지 않는다.

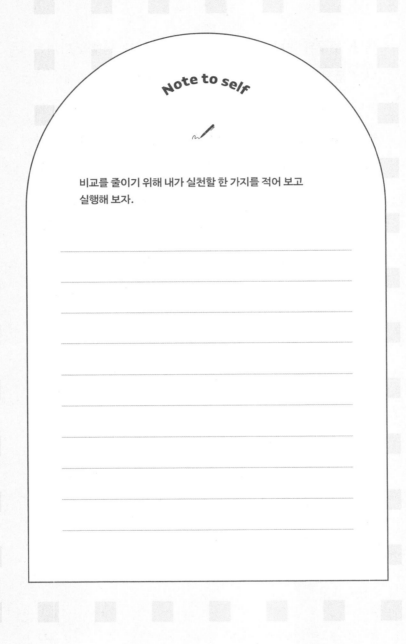

Note to self

비교를 줄이기 위해 내가 실천할 한 가지를 적어 보고
실행해 보자.

_____

_____

_____

_____

_____

_____

_____

_____

_____

_____

만들어야 할 습관, 버려야 할 습관

─◔ 긍정의 독백을 하고 있다면 긍정의 현실이 펼쳐
지고, 파괴적인 독백은 현실에서도 그대로 재현
된다.

우리는 수많은 습관을 가지고 있다. 아침에 눈을 뜨자마
자 스마트폰을 확인하는 습관, 뜨거운 물 반 잔과 찬물 반 잔
을 섞어 음양탕을 마시는 습관, 립스틱을 특정한 방향으로 바
르는 습관, 한겨울에도 아이스 라떼를 고수하는 습관, 영화관
에 가면 캐러멜 팝콘을 먹는 습관, 술을 한번 마시면 필름이
끊길 때까지 마시는 습관, 잘 때 특정한 자세로 자는 습관 등
지구상의 인구수만큼 다양한 습관들이 존재한다.

습관이 나의 하루를 만들고 이 하루가 나의 인생을 만드

는 것을 알기에 사람들은 좋은 습관을 만들고 싶어 하고 나쁜 습관은 버리려 한다. 그래서 신년 계획에 영어 공부하기, 운동하기, 저축하기 등이 빠지지 않고 등장하는 것이다. 우리들은 습관을 개선하여 매일 조금씩 나아질 것을 기대한다. 변하는 자신을 보면서 자존감도 높아지고 삶의 의욕도 불태우게 된다. 이러한 욕구를 반영하여 시중에는 습관 관련 책이 출간되고 습관을 만드는 챌린지도 넘쳐난다.

나를 더 건강하게 만들어 주는 습관, 나의 자존감을 더 세워 주는 습관, 나의 가치를 올려 주는 습관 등은 바람직한 습관이다. 운동하기, 인스턴트 식품 줄이기, 책 읽기, 새로운 것

바람직한 습관	버려야 하는 습관
운동하기 인스턴트 식품 줄이기 책 읽기 새로운 것 배우기 새로운 사람 만나기	남 탓 하기 할 일을 차일피일 미루기 야식 먹기 즉흥적 소비하기

배우기, 새로운 사람 만나기 등이 여기에 포함되겠다. 반대로 버려야 할 습관도 있다. 현재에 안주하게 하는 습관, 자책으로 귀결되는 습관, 후회로 이어지는 습관 등은 바람직하지 않은 습관이다. 남 탓 하기, 할 일을 차일피일 미루기, 야식 먹기, 즉흥적 소비하기 등이다.

지금까지 얘기한 습관은 외면을 가꾸거나 특정한 유형의 행동을 취하는 습관이다. 실제로는 이보다 훨씬 중요한데 널리 다뤄지지 않는 습관이 하나 있다. 바로 나와의 독백 습관이다.

당신이 생각하는 당신의 모습은 어떠한가

우리는 하루에도 수만 가지 생각을 한다. 입 밖으로 내뱉지만 않을 뿐 끝없는 생각이 꼬리에 꼬리를 문다. 이런 생각 중 일부는 우리가 의식적으로 하지만, 대부분은 미처 의식하지 못한 채 자동으로 이루어진다. 아무도 보지 않지만 하루종일 켜져 있는 TV처럼 생각에는 끝이 없다.

지금 직면해 있는 문제, 가지고 있는 고민, 과거에 대한 생각, 미래에 대한 걱정이나 궁금증 등 여러가지 생각들이 실타래처럼 뒤엉켜 있다. 이와 관련하여 우리는 스스로에게 계속 말을 한다.

현재 직면한 고민을 생각하면서 할 수 없다고 결론 짓기도 하고 이건 문제도 아니라고 가벼운 마음으로 대처할 수도 있다. 과거를 회상하며 자책을 하기도 하고 뿌듯해하기도 한다. 미래를 생각하면 두려움에 휩싸이기도 하고 기대감으로 심장이 쿵쾅거리기도 한다.

의도했든 하지 않았든, 의식했든 하지 않았든 우리는 스스로에게 끊임없이 말을 건넨다. 당신은 자신과 어떤 유형의 대화를 하는 편인가?

"너는 제대로
하는 일이 하나도 없어."
"다 네 잘못이야."

VS

"너는 정말 멋져."
"나는 너를 사랑해."

(루이스 헤이 『치유』 중에서)

나의 생각은 진실이 아닐 수도 있다

내가 나를 어떻게 바라보는지, 즉 스스로에 대한 믿음의 정도에 따라 독백의 내용이 달라지게 된다. 나를 있는 그대로 받아들이고 인정하는 사람이 하는 독백은 스스로를 부족하다고 바라보는 사람의 독백과는 내용이 확연하게 다를 것이다.

완벽하지 않고 서툴러도 스스로에게 너그러운 사람은 응원과 용기를 주는 대화를 한다. 이미 충분히 멋진 사람인데도 부족한 점만 보는 사람은 자책과 원망, 비난의 대화를 할 것이다.

이 두 가지 믿음은 각각 다른 경험으로 이어진다. 그리고 이 믿음은 그대로 현실이 된다. 긍정의 독백을 하고 있다면 긍정의 현실이 펼쳐지니 괜찮지만, 파괴적인 독백은 현실에서도 그대로 재현된다.

"네가 그러면 그렇지."

"너는 원래 운이 없어."

"네가 뭘 하겠어?"

"너는 뚱뚱해서 안 돼."

"못생겨서 안 돼."

친구나 가족에게는 절대로 하지 않을 아픈 말들. 이런 말을 우리는 스스로에게 서슴없이 한다. 도대체 이런 생각이 내 머릿속에 박혀 있는 이유는 무엇일까? 우리가 기억도 못하는 아주 어린 시절부터 이런 말들을 듣고 자랐기 때문이다.

부모로부터, 학교에서, 사회에서… 우리가 자라난 환경은 비교와 경쟁의 연속이었고, 이 상황에서 늘 승자로 자존감을 지키며 성장한 사람은 극소수에 불과하다.

모범생으로 학교에서도 늘 칭찬을 받고 부모님으로부터도 착한 딸로 인정받은 나조차도 파괴적인 독백을 늘 해 왔으니 말이다.

그러면 이런 생각은 어떻게 머릿속에서 지워 버릴 수 있을까? 우선 이 생각의 정체를 파악하고 이해해야 한다. 이런 생각은 생각일 뿐이다.

파괴적인 생각에 정당한 근거가 있는지 가만히 생각해 보

자. 나는 머리가 나빠서 새로운 것을 배울 수 없다? 물론, 내가 학창시절에는 공부를 잘 못했을 수도 있다. 하지만 학교 공부와 사회에서 배우는 공부는 성격이 완전히 다르다. 그렇다고 지금 내가 새로운 것을 배울 능력이 없다는 의미는 아니다.

나는 끈기가 없어서 못한다? 지금까지는 그랬을 수도 있다. 그렇다면 오늘부터 끈기 있는 사람이 되면 된다. 실제로 내가 끈기가 있는지와 별개로, '나는 끈기가 없는 사람이야'라는 생각 자체가 스스로의 가능성에 한계를 그어 버리고 이를 진실로 믿어 버리게 만든다. 과거의 경험, 과거에 있었던 일을 가지고 미래를 예단하는 것은 백미러를 보면서 운전하는 것과 같다.

좋은 말을 스스로에게 부어 주자

이러한 생각들이 뿌리가 없는 허상이라는 것을 이해했다면 그 다음으로는 좋은 말을 스스로에게 해 줘야 한다. 건설적인 독백으로 파괴적인 독백이 설 자리를 없애야 한다. 처음에는 굉장히 어색할 수 있다. 거울에 비친 나를 똑바로 응시하는 것부터 시작해 보자. '눈이 왜 이렇게 작지?', '머리숱이 점점 적어지는 것 같아', '지방재배치만 하면 5년은 어려 보일 텐데'라는 평가 대신 있는 그대로의 나를 찬찬히 바라보자.

> "지금까지 고생 많았어."
>
> "나는 정말 멋진 사람!"
>
> "오늘도 잘 될 거야."

오늘부터는 비교와 평가는 잠시 내려 놓고 거울 속의 나에게 미소를 지어 보자. 거울을 들여다볼 시간도 없이 살아온 나, 내 사진보다는 아이들 사진을 찍기 바빴던 나를 알아주자. 그러다 보면 왠지 모르게 울컥하기도 하고 스스로에게 미안해진다. 있는 그대로의 나 자신을 사랑하고 인정할 때 인생의 모든 일이 순조롭게 진행된다.

처음에는 마냥 어색했던 나 스스로를 마주하기를 몇 달만 지속해도 표정이 변하고 성격이 변한다. 여유로워지고 너그러워지고 현명해진다. 회복탄력성이 증가하며 에너지 넘치는 사람이 된다. 나를 긍정하면 인생은 저절로 바뀐다.

Note to self

내가 자주 하는 생각 중 부정적인 생각 세 가지를 적어 보자.
앞으로는 이를 생각하지도 말고 입 밖으로 꺼내지도 말자.

_____

_____

_____

나에게 해 줄 긍정적인 말 세 가지를 적어 보자.
앞으로 이 세 가지를 생각 날 때마다 스스로에게 얘기해 주자.

_____

_____

_____

_____

한번쯤은 좋아하는 일에 집중할 것

⎯⎯⌒ 좋아하는 일을 찾는 데 있어서
한번에 답을 찾으려고 하지 말았으면 한다.

전세계에서 유일하게 한국인들만 하는 질문이 있다고
한다.

"좋아하는 일을 해야 하나요? 잘하는 일을 해야 하나요?"

정말로 한국인들만 하는 질문인지는 모르겠지만 많은 사
람들이 좋아하는 것과 잘하는 것 사이에서 고민한다. 특히,
이것이 일 또는 생계와 결부되면 답하기 꽤나 어려운 문제가

된다.

좋아하는 것을 일로 삼는 것에 대해 고민하는 이유는 역사적 배경과 연관이 있다. 다시 말해, '좋아하는 일로 돈을 버는 것' 자체가 꽤나 생소한 개념이다. 현대사회에서 생각하는 '일'이라는 개념이 처음 등장했을 때에는 일은 생계를 유지하고 가문을 보존하는 수단, 돈을 버는 방법이었다. 자신의 재능을 살려 자아 실현을 하며 이를 통해 돈을 버는 것은 특별한 재능을 타고났다고 생각되는 극소수만이 누리는 기회였다.

농부의 집에서 태어났으면 농사를 짓다 죽었고, 대장장이의 아들로 태어났으면 대장장이로 일하다 죽었다. 인간의 평균 수명이 짧았기 때문에 일하는 기간도 그리 길지 않았다.

타임라인을 훅 건너뛰어 우리 부모님 세대를 보자. 극빈곤을 탈출하며 고속 성장을 이루던 이 시기에는 취업하기가 매우 쉬웠다. 정년도 보장되어 있었기 때문에 별 탈이 없는 한 직장을 안정적으로 다니면서 돈도 모으고 은퇴를 했다. 이후 10여 년 정도 여생을 살다 마감하면 되었다. 일은 일이고 취미나 여가는 별개였다. 이제 막 경제 성장을 이루던 시기라 취미나 여가라는 개념도 지금처럼 뚜렷하지 않았고 상대적인 중요성도 낮았다.

지금은 어떤가? 국민소득 30,000달러 시대에 평생 직장이라는 개념도 없어졌고 평균 수명은 빠르게 늘어나고 있다. 은퇴 시점이 빨라지면서 은퇴 이후에도 수십 년을 살아야 한다. 라이프 스타일에 대한 다양한 이야기가 나오고 있고 '시간이 금이다'라는 격언을 따라 시간의 질을 따지기 시작했다. 돈을 버는 방식이 다양해지고 있으며 직장뿐 아니라 직업을 여러 개 경험해 볼 수 있는 환경과 시간적 여유가 생겼다.

과거에는 극소수만이 향유했던 '좋아하는 일로 돈을 버는 것'도 다양한 매체의 발달과 경제 발전으로 가능해졌다. 연예인이 아니어도 연예인에 버금가는 인기와 명성을 얻는 것이 가능하고, 정식 가수가 아니어도 가수만큼 팬을 거느리고 앨범 발매를 할 수 있다. 영상 전문가가 아니어도 짧은 영상을 만들고 이를 궁금해하는 사람들을 가르칠 수 있다. 내가 가진 소소한 취미 또는 재능을 나누면서 돈도 벌 수 있게 된 것이다.

좋아하는 일로 돈을 버는 사람들이 늘면서, 또 이런 사례들이 소셜 미디어 등의 매체를 통해 전파되면서 좋아하는 일로 돈을 번다는 명제가 보편화되었다. "나는 무엇을 좋아하지?"를 한번쯤 질문해 보는 시대가 된 것이다.

좋아하는 일을 모르는 건 당연한 것

돈을 버는 부분에 대해 이야기하기 전에 좋아하는 일 자체에 대해 생각해 보자.

'나는 뭘 좋아하는지 모르겠어요.'라며 침울한 표정을 짓는 사람들을 정말 많이 본다. 하지만 이는 침울해할 일이 아니다. 위에서 얘기한 것처럼 좋아하는 것을 누린다는 개념 자체가 오래되지 않았다.

우리는 어릴 때부터 내가 좋아하는 것보다는 사회에서 얘기하는 성공 방식을 강요당했다. 나의 소질과 취미보다 공부가 우선시되었고, 좋은 대학에 가고 좋은 직장에 취업하는 것이 먼저였다. 이 과정에서 '나'는 온데간데없고 그 자리를 수학 문제, 영어 문법, 작가의 의도 등이 자리를 잡았다. 나의 소질과 취미를 존중받고 자랐다면 부모님께 매우 감사해야 한다.

이렇게 주입식, 일방통행식의 교육을 받고 정답과 오답

을 가리는 사고 방식을 훈련받은 우리가 '너는 누구야? 무엇을 좋아하니?'라는 질문을 받으면 외래어처럼 낯설게 느껴지는 것이다.

좋아하는 일을 모른다고 슬퍼하거나 답답해할 필요가 없다는 점을 먼저 말해 주고 싶다. 내가 좋아하는 일을 찾기 위해서는 무엇이든 해 봐야 한다. 똥인지 된장인지 먹어 봐야 안다는 속담처럼 말이다. 수영을 배우고 싶은가? 배워 보자. 요리가 재밌는가? 더 깊이 파 보자. 자격증을 따고 싶은가? 학원에 등록해서 공부를 시작해 보자.

생각해 보면 대부분의 사람들은 극히 제한된 경험을 하고 살아간다. 지금까지 다뤄 본 악기의 종류는 얼마나 되는가? 운동은 몇 가지나 해 보았는가? 평생 동안 우리는 얼마나 많은 나라를 여행해 볼 수 있을까?

세상에서 가장 값비싼 땅은 묘지라고 한다. 실현되지 못한 꿈이 묻혀 있기 때문이다. 뭐든 해 봐야 내가 진짜 소질이 있는지 없는지, 어떤 부분을 좋아하고 어떤 부분은 힘들어 하는지, 이를 지속하고 싶은지 아니면 막상 해 보니 별로인지 알 수 있다.

하지만 시간과 돈 모두 제약이 있는 상황에서 모든 악기를 다 배울 수도, 모든 운동을 다 해 볼 수도 없는 일. 어쩔 수 없이 선택을 해야 하는데 이때 유용한 팁은 다음과 같다.

● **유년시절 되돌아보기**

어린 시절의 나로 돌아가자. 내가 릴스에 왜 그렇게 몰입하는지를 깨달은 것처럼 말이다. 어린 시절이 좋은 힌트가 되는 것은 세속적인 잣대로 판단을 하기 전이기 때문이다.

> "이게 좋기는 한데 내가 과연 잘 할 수 있을까?
> 나보다 재능 있는 사람들이 얼마나 많은데!"
> "이걸로 돈이 될까?"

이런 고민 없이 순수하게 몰입했던 그 시절로 되돌아가 보는 것이다. 유년시절에 내가 정말 좋아했던 것은 무엇인가? 또는 재능을 보였던 것은? 상황이나 남들의 시선, 사회적 통념으로부터 자유로웠던 어린 시절에 내가 순수하게 끌렸던 것을 떠올려 보자. 내가 해 왔던 것들을 조합해 보면 내가 좋아하는 일을 찾을 수 있는 실마리가 보인다.

● 나는 어디에 시간을 쓰는가?

꾸준히는 아니더라도 놓지 않고 해 온 것을 떠올려 보자. 중간에 쉰 시간이 있어도 괜찮다. 완전히 놓지 않고 뜨문뜨문이라도 했다면 이는 내가 좋아하는 일일 가능성이 크다.

주말이나 휴가 때, 혹은 여유시간이 주어질 때 무엇을 하는지 점검해 보자. 내가 많은 시간을 쓰는 것이 내가 관심 있고 좋아하는 분야일 수 있다.

● 지인들이 나에게 자주 물어보는 질문은?

내가 맛집 질문을 많이 받는다면 이미 주변 사람들에게 나는 '맛집 전문가'로 인지되어 있다. 어디에서 옷을 사는지를 물어본다면 옷을 잘 입는 사람으로 인식된 것이고, 화장품을 뭘 쓰는지 물어본다면 피부 좋은 사람이라고 생각하는 것이다.

이미 내가 전문가로 포지셔닝 된 주제는 무엇인가? 릴스 강의를 오픈하기 전에 나는 사람들을 만나면 백이면 백 릴스에 관한 질문을 받았다.

● **지난 3~6개월간의 소비 내역 분석하기**

돈이 가는 곳에 마음이 간다. 내가 어디에 돈을 쓰는지 살펴보면 미처 인지하지 못했던 관심 영역을 발견할 수도 있다.

지난 3개월 간 나의 지출 내역을 검토해 보자. 기본 의식주 외에 어디에 지출을 많이 하는가? 쇼핑·도서 구입·맛집 탐방·여행 등 다양한 분야가 있을 것이다.

내가 시간과 돈을 쓰는 곳에 마음이 있다. 만약 아이들을 키우고 있다면 현재의 지출은 일시적으로 아이들 위주로 돌아갈 수 있으므로 결혼 전 등 지출 자유도가 높았던 시절을 생각해 보라.

여기까지 왔으면 최소 세 개에서 다섯 개 정도의 항목이 나왔을 것이다. 나만의 기준으로 좋아하는 것을 찾았다면 이제 시장에 대입해 봐야 한다.

● **내가 잘 하기도 하는 것인가?**

좋아하는 것에 소질이 있을 가능성이 크다. 그러지 않으면 즐거운 감정을 오래 느끼기 어렵기 때문이다. 일례로, 나는 운동신경이 형편없다. 순발력도 느리고 속도도 느리고 힘도 없다. 그래서 운동을 좋아하기는 쉽지 않다. 게임도 못한다. 그러니까 재미가 없다.

내가 릴스를 좋아하는 이유는 릴스를 만드는 행위 자체도 즐겁지만 내가 다른 사람들보다 잘 만든다는 얘기를 듣기도 하고 스스로 발전하는 게 보이기 때문이다. 좋아하는데 아무리 해도 경쟁력을 갖출 수 없다면 곤란하지 않겠는가?

● 상대에게 유익한가?

즉, 시장에서도 필요로 하는 것인가? 내가 아무리 좋아하고 소질이 있어도 시장에서 필요 없는 일이면 돈을 벌기 힘들다. 이에 대한 시장이 존재하는지, 사람들의 수요가 충분히 있는지 확인해 봐야 한다. 이를 확인하는 가장 간단한 방법은 네이버에서 키워드 검색량을 확인해 보는 것이다. 사람들이 검색을 한다는 것은 구매 목적이든 정보 획득 목적이든 찾아본다는 의미이니까.

좋아하는 일을 찾는 데 있어서 한번에 답을 찾으려고 하

지 말았으면 한다. 그러기 어려울 뿐더러 충분한 탐색을 못
할 수 있다. 성급히 움직였다 한참 시간이 지나서 후회할 수
도 있다는 의미이다. 끈기 없이 자주 바꾸는 것은 문제가 있
지만, 중간에 바꾼다고 해서 시간과 노력을 버리는 것이 아니
다. 여러가지를 시도해 보는 걸 추천한다.

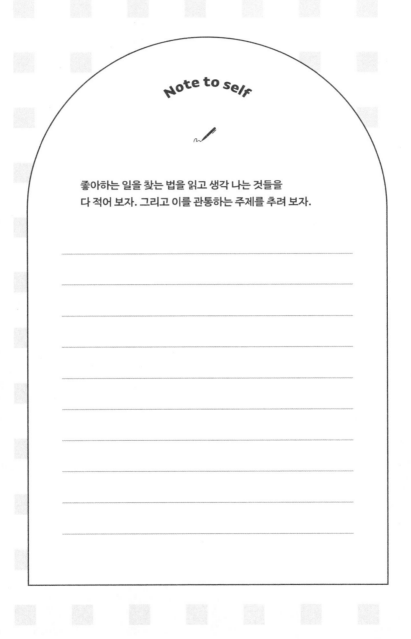

Note to self

좋아하는 일을 찾는 법을 읽고 생각 나는 것들을
다 적어 보자. 그리고 이를 관통하는 주제를 추려 보자.

좋아하는 일로
새로운 기회를 만드는 법

> ──ⓒ 일단 시작하자.
> 행동하다 보면 기회는 다양하게 찾아올 수 있다.

좋아하는 일로 수익을 내는 방법은 굉장히 다양하다. 주변에서도 어느 정도 인정하는 수준의 역량을 갖추었다면 수익화를 생각해 볼 수 있다. 이미 여러 차례 강조했지만, 내가 말하는 '인정하는 수준'은 엄청 높은 수준이 아니다.

전공이나 자격증 등을 갖추지 않아도 수익화는 충분히 가능하다. 사람들이 나에게 반복적으로 어떤 질문을 하면 나는 이미 그 분야의 전문가라고 인식해도 무방하다. 내가 다른 사람들보다 조금만 잘하고 잘 알아도 재능이라는 것을 명심하자. 시작은 가볍게 하고, 이후 수정 및 보완하면서 발전하면 된다.

내가 좋아하는 일을 꾸준히 하면서 결과물을 작은 것이라도 공유하고 나누면 이에 대해 관심 있는 사람들이 하나둘씩 모여들게 된다. 향후 나의 고객이 될 수 있는 사람들이 모이는 것이다.

블로그, 유튜브, 인스타그램, 틱톡 등 무료로 이용할 수 있는 플랫폼이 넘쳐난다. 관심사가 비슷한 사람들이 시간이나 거리에 상관없이 아주 쉽게 모일 수 있다. 인스타그램에서 내가 좋아하는 내용을 콘텐츠로 꾸준히 올리면서 해당 주제에 관심 있는 사람들을 모았다고 해 보자. 이들의 니즈에 따라 필요한 것을 만족스러워할 만한 수준으로 제공한다면, 그게 바로 돈이 된다.

내가 알고 있는 인스타그램 수익화 방법만 무려 열네 가지이다. 요점은, 인스타그램 한 채널만으로도 이렇게 다양한 기회를 가질 수 있다는 것이다. 놀랍지 않은가? 나 역시 인스타그램을 통해 다양한 방법으로 돈을 벌고 있다.

● 광고·협찬

특정 회사나 제품을 소개하는 콘텐츠를 만들어서 광고를 해 주는 방식이다. 돈을 받고 콘텐츠를 제작하는 방식과, 돈 대신 제품을 협찬받아서 직접 사용해 보고 후기를 올리는 식의 광고도 가능하다. 제품뿐 아니라 장소 협찬, 호텔 숙박, 음식점 협찬 등 업종도 굉장히 다양하다(블로그의 광고 협찬과 비슷하다고 생각하면 된다).

통상 팔로워가 10,000명 정도 되면 협찬 제의가 다양하게 들어오기 시작한다. 하지만 제의가 들어오길 기다릴 필요는 없다. 그리고 제의가 들어오는 제품만 할 필요도 없다. 내가 좋아하는 제품이 있다면 제안서를 작성해서 먼저 접촉을 해도 된다. 팬 기반을 잘 구축해 놨다면 팔로워가 10,000명 이하여도 진행 가능하다. 나는 영상 촬영과 편집을 주제로 하기에 삼각대, 카메라 등의 광고 협찬을 생각해 볼 수 있다.

● 공동구매

광고·협찬은 일정한 광고료를 받고 광고만 해 주는 거라면, 공동구매는 해당 제품을 내가 직접 판매하고 매출에 대한 일정 수수료를 받는 방식이다. 나의 계정 주제와 맞는 제품을 소개하고 이를 팔로워들에게 판매할 수 있다. 나의 경우 팔로워들을 대상으로 좋은 촬영 조명을 소개하고 판매할 수 있을 것이다.

● 온라인 강의

내가 가진 지식을 강의로 구성해 수강생을 모집하고 강의를 판매하는 방식이다. 줌 등의 실시간 미팅 애플리케이션을 통해 실시간 강의도 가능하고, 강의를 별도로 녹화해 인강처럼 판매하는 방식도 가능하다. 나의 주제가 강의로 전달하기 적합하고 나도 강의를 좋아한다면 좋은 방식이다.

강의를 구성하고 자료를 준비하고 촬영하는 등의 시간과 노력이 꽤 들어가지만 한번 준비해 두면 다양하게 활용이 가능하다. 인강으로 자동화를 시키면 잠 잘 때에도 돈이 들어오는 구조가 만들어진다.

나는 주기적으로 릴스를 배울 수강생들을 내 계정에서 모집하는데, 이들에게 강의 녹화본을 제공하고 각자 편한 시간에 강의를 보게 한 뒤 실시간으로 줌 미팅을 해서 궁금한

점에 답해 주는 Q&A 세션을 별도로 여는 형식으로 운영하고 있다.

● 전자책(PDF)

나의 지식을 디지털 파일로 구성해서 판매할 수 있다. 전자책은 분량도 자유롭게 조절 가능하기 때문에 부담 없이 만들 수 있다. 본인의 홈페이지나 SNS 계정을 통해서도 판매 가능하고 크몽 등의 외부 플랫폼을 통해서도 판매 가능하다.

● 종이책

전자책과 달리 물성이 있다. 조금 더 전문적인 내용을 다루며, 출판사와 진행하기 때문에 일정의 투자비가 들기도 한다.

● 챌린지 등 프로그램 운영

일방적인 강의 형식을 보완할 수 있는 프로그램들이다. 하나의 목표 하에 주어진 활동을 수행하는 챌린지 형태가 많다. 참가비를 받는 형태도 있고, 참가비 외에 임무 완수 시 환급을 해 주는 방식도 존재한다. 일방적인 강의와 다르게 소통을 하며 친해지고 결속력이나 소속감 등을 주기 좋다.

● 오프라인 강의

오프라인으로 공간을 빌려 사람들을 직접 만나서 강의하는 형태이다. 같은 분야의 전문가와 협업을 해서 진행하는 것도 좋은 방법이다.

● 제품 제작

나만의 제품을 제작해서 판매하는 방식이다. 보통은 공동구매나 강의 등으로 두꺼운 팬층을 쌓은 뒤 제작을 하는 경우가 많다. 이후 큰 사업으로 키울 수 있는 첫 걸음이 된다.

● 쿠팡 파트너스

쿠팡 제품 링크를 소개하고 매출 발생 시 수수료를 받는 방식이다. 본인 계정 주제와 연결성 있는 제품은 잘 팔릴 수 있다. 나의 경우 내가 사용하는 삼각대나 마이크를 쿠팡 파트너스와 연결해 놓았다.

● 릴스 보너스

유튜브가 조회수만으로 수익을 낼 수 있듯이 릴스 조회
수 자체로 수익 창출이 가능하다.

● 회원제 구독 서비스 운영

회원들만을 위한 특별 정보나 강의나 모임 등을 제공하
고 이에 대해 특정 비용을 받는 형식이다.

● 코칭/컨설팅

1:1이나 1:n을 대상으로 맞춤 강의와 상담을 진행하는 방
식이다.

● 템플릿

여러가지 형태가 존재하는데 사진 보정 프리셋을 템플릿
으로 만들어 판매하기도 하고, 카드뉴스나 릴스 템플릿을 판
매하기도 한다.

● 외부 강의 초청

특정 분야의 전문가로 인지도가 쌓이면 정부 기관, 학교, 백화점 문화센터, 그외 다양한 교육 기관에서 강의 의뢰가 들어온다.

이제 막 시작한 초보라서 수익화가 너무 먼 얘기로 들린다면 나의 성장 과정 자체를 기록하는 것부터 시작하자. 유튜브나 인스타그램 등에서 다이어트나 운동 등을 처음 시작해 변화를 이뤄 가는 과정을 다루는 콘텐츠를 본 적이 있을 것이다.

콘텐츠는 전문가의 전유물이 아니다. 멋진 결과물을 보여주는 것도 콘텐츠지만 과정을 보여 주는 것 역시 콘텐츠가 될수 있다. 오히려 후자가 사람들이 공감할 수 있는 콘텐츠다. 이미 성공한 사람을 보면 멋지기는 하지만 남의 나라 얘기 같은 느낌을 주는 데에 반해, 성장 콘텐츠는 나와 별반 다를 게 없어 보이는 사람이라는 느낌을 주기 때문에 오히려 더 공감할 수 있고 동기부여가 되며 보는 사람이 빠져들게 된다.

시작 단계에서부터 수익화 여부를 생각하며 망설이기보다는 일단 시작하자. 행동하다 보면 기회는 다양하게 찾아올 수 있다. 내가 릴스를 꾸준히 했더니 강의 기회가 열렸고, 이를 꾸준히 하면서 성장하고 발전했더니 더 많은 기회들과 연결된 것처럼 말이다. 가장 확실한 실패는 아무 것도 하지 않는 것이다.

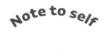

Note to self

나의 재능 중 사람들에게 도움을 줄 수 있는 재능은 무엇인가?
어떤 방식으로 도움을 줄 수 있을 것인가?

_____

_____

_____

_____

_____

_____

_____

_____

_____

_____

삶을 변화시키는 가장 강력한 방법

▶ 나 자신을 믿어라.

　사람들은 이 강의 저 강의를 전전하며 더 빠르고 더 크게 인스타그램 계정을 키우는 법을 찾으려 하고 인생의 정답을 찾으려 한다. 확신을 얻고 싶어서, 안전하고 싶어서, 조금 더 쉽게 가고 싶어서인 경우가 대부분이다. 고민 상담을 신청해 오는 이들의 이야기를 가만히 들어 보면 본인은 답을 알고 있다. 그것에 대한 확신이 없거나 간절함이 없을 뿐이다. 내가 답이라고 생각하고 묵묵히 전진하자.

▶ 미래를 예측하려 들지 마라.

미래를 가늠하는 것은 아무 소용이 없다. 잘 짜여진 계획만
덩그러니 남을 뿐이다. 지금 보이는 만큼 가면 된다. 거기에 도
착하면 그 다음이 보일 것이다. 정말이다.

▶ 지식이 아닌 마인드를 배울 수 있는 멘토를 찾아라.

지식은 쉽게 모방 가능하다. 나를 차별화시키는 것은 나만
의 스토리와 가치관, 그리고 에너지다. 큰 그릇이 되도록 이끌
어 주는 멘토를 찾아라.

▶ 남들이 하지 않는 일을 자처하라.

남들이 하지 않는 것을 해야 성공한다. 위대한 일을 해서
위대해지는 것이 아니고 사소한 일조차도 위대하게 하는 이가
위대해진다.

몰입, 반응, 소통을 일으키는
릴스 제작 노하우

- 릴스란 무엇인가?

- 릴스 기본 세팅하기

- 인스타그램 게시물 사이즈 총 정리

- 릴스가 재미있어지는 촬영 기법 세 가지

- 저장수가 높아지는 릴스의 비밀

- 좋은 릴스의 조건 세 가지

- 릴스 관련 흔한 오해 여섯 가지

- 유리쌤의 콘텐츠 컨닝페이퍼

릴스란 무엇인가?

릴스는 틱톡의 대항마로 만들어진 기능이다. 한때의 유행일 뿐 금세 사그라질 것이라는 예상을 뒤엎고 틱톡은 전세계에서 가장 많이 다운받은 애플리케이션이라는 기록을 세우게 된다(이후 챗GPT와 쓰레드에 왕좌를 내주기는 했지만). 틱톡으로 대표되는 1분 미만의 매우 짧은 영상(숏폼, short-form)이 큰 인기몰이를 하면서 위협을 느낀 인스타그램은 이에 대응하기 위해 짧은 영상을 올릴 수 있는 '릴스'라는 기능을 2020년도에 도입한다(한국에는 2021년 2월에 도입).

지금은 인스타그램에서 다른 게시물보다 릴스의 노출을 더 늘려 주는 등 영상이라는 매체가 가진 강력한 메시지 전달력과 흡입력으로 빠르게 우리 일상에 자리잡았다. 틱톡을 선두로 인스타그램의 릴스, 유튜브 숏츠, 네이버 모먼트 등 주요 플랫폼에서 모두 숏폼 영상을 밀어주고 있다.

그도 그럴 것이 숏폼의 등장으로 젊은층은 물론 기성세대도 영상 시청방식이 크게 변했기 때문이다. 2022년 대학내일20대연구소에서 진행한 미디어콘텐츠 플랫폼 연구에 따르면 영상 소비가 대중적인 취미로 자리 잡은 가운데, 하루 숏폼 채널 이용 시간은 평일 75.8분, 주말 96.2분으로 높은 수치를 보이고 있다. 일반 영상 대비 숏폼의 선호도가 높아지고 있으며 숏폼 등장 이후 영상당 시청 시간은 전반적으로 짧아졌다. 핵심 메시지만 압축된 숏폼을 사람들이 더욱 선호하는 것이다. 소셜미디어라는 산업의 큰 흐름을 봤을 때 숏폼은 일시적인 유행을 넘어선 주요한 미디어 시청 방식이 되었다.

| 릴스를 해야 하는 이유 |

릴스에는 백만 뷰가 넘어가는 '떡상'을 할 기회가 있다. 릴스 초창기에는 말할 필요도 없었고, 여전히 릴스는 인스타그램에서 대체 불가한 강력한 힘을 가지고 있다.

인스타그램 콘텐츠 유형은 스토리, 일반 게시물, 카드뉴스, 릴스로 나눌 수 있다. 이 중 릴스는 가장 긴 수명을 가지고 압도적인 노출 가능성을 자랑한다. 스토리는 24시간 이후 사라지는 휘발성이 강한 콘텐츠다. 일반 게시물은 평균 24시간, 카드뉴스는 하루이틀 정도의 수명을 가지고 있다. 하지만 릴스는 한번 알고리즘을 타면 수 주에서 몇 달간 지속되며 계정 유입에 기여한다. 나를 모르는 일반 대중에게 나를 노출시키는 데에는 릴스만 한 무기가 없다는 뜻이다. 지금도 릴스 탭에, 홈 피드에, 추천 탭에, 해시태그 검색 결과창에 추천 릴스가 계속해서 노출되고 있다.

꾸준한 릴스 업로드는 팔로워 수의 증가나 나를 알리는 황금 같은 기회가 될 수 있다. 1주일 전, 한 달 전, 3개월 전 올린 릴스가 여전히 노출이 되고 이로 인한 유입이 가능하다. 잠자는 동안에도 나를 홍보하는 영업사원이 생기는 셈이다. 한번의 떡상이 두 번, 세 번으로 이어진다면 폭발적인 성장의 시발점이 될 수 있다.

| 인스타그램의 핵심 서비스가 된 릴스 |

인스타그램은 현재 릴스를 가장 주력 콘텐츠로 삼고 있다. 인스타그램에는 릴스만 따로 노출을 해 주는 릴스 탭이 있어 무작위로 다양한 릴스를 볼 수 있게 된다. 거꾸로 말하면, 나의 릴스도 누군가에게 노출이 될 수 있다는 말이다(물론, 여기에도 알고리즘이 작용해서 관심사 기반으로 보여주기는 한다).

릴스를 클릭하게 되면 릴스가 화면 전체를 꽉 채워 재생되는데, 이는 다른 곳으로 시선이 분산되지 않게 디자인한 것으로 생각된다. 인스타그램 피드에서 팔로워들에게 내 릴스가 보여질 때에도 핸드폰 상하단의 메뉴 버튼을 제외하고 꽉찬 형태로 보여진다.

해시태그 검색 시에도 릴스가 보여지며 나의 프로필 페이지에도 릴스 전용 공간이 따로 있다. 릴스가 인스타그램 내에서 금싸라기 땅을 많이 차지하고 있음을 볼 수 있다.

추천 탭은 인기 게시물이 모여 경합하는 전교 1등들이 모인 곳이다. 여기에는 사진과 카드뉴스도 섞여 있는데, 릴스는 영상이라는 사실만으로 강력한 시선 끌기가 가능하다. 일반적으로 영상에 눈이 먼저 가기 때문이다.

릴스의 중요성이 높은 만큼, 릴스 콘텐츠에 대한 시청자들의 반응도를 분석할 수 있는 기능도 지속적으로 업데이트되고 있다. 최근 추가된 메뉴로는 '최초 재생'과 '다시 보기'라는 것이 있다. 최초 재생은, 해당 릴스를 처음으로 재생해서 본 횟수를 의미한다. 다시 보기는 해당 릴스를 두 번 이상 반복적으로 시청한 횟수를 의미한다. 이 두 지표 모두 조회수로 카운팅되는 것이다. 즉, 릴스를 한번 보는 데 그치지 않고 두 번 이상 볼 이유를 제공한다면 높은 조회수를 기록할 수 있게 된다.

릴스 인사이트 기능 설명
(2023년 11월 추가)

릴스 기본 세팅하기

이렇게 막강한 영향력을 가지고 있는 릴스를 하지 않을 이유가 있을까? 아니, 하지 않으면 뒤처지는 시대가 되었다고 말하고 싶다. "세상이 왜 이렇게 빨리 변해~ 옛날이 좋았어!"라고 해 봤자 소용없다. 세상은 늘 변해 왔다. 앞으로도 그럴 것이다. 투정하지 말고 대비하고 대응하자.

| 계정 설정 |

팔로워 증가 수치나 내 릴스에 대한 반응을 확인하기 위해서는 개인 계정을 프로페셔널 계정으로 전환해야 한다. 프로페셔널 계정에는 비즈니스 계정과 크리에이터 계정이 있다. 비즈니스 계정으로 설정했다면 음원 사용에 제약이 있으므로 크리에이터 계정으로 설정하는 것을 추천한다.

> 개인 계정에서 크리에이터 계정으로 전환하는 법
>
> 인스타그램 본인 홈에서 우측 상단 삼선 > 설정 및 개인정보 > 계정 유형 및 도구 > 프로페셔널 계정으로 전환 > '비즈니스'와 '크리에이터' 중 크리에이터 선택

비즈니스 계정에서 크리에이터 계정으로 전환하는 법

인스타그램 본인 홈에서 우측 상단 삼선 > 설정 및 개인정보 > 크리에이터 도구 및 관리 옵션 > 계정유형 전환

• 계정유형 전환 메뉴가 안 보인다면, 바로 아래의 새로운 프로페셔널 계정 추가를 눌러 진행해 준다.

| 촬영 준비물 |

릴스를 찍기 위한 준비물은 간단하다. 돈도 얼마 들지 않는다. 복잡한 것도 없다.

● 촬영 장비

필수	선택
스마트폰 (아이폰이든 안드로이드 폰이든 상관 없다)	삼각대
	조명
	마이크

스마트폰 하나로 촬영에서 편집까지 다 가능하다. 삼각대나 조명, 마이크 등의 추가적인 장비 활용은 그야말로 선택이다. 내가 사용하는 장비는 모두 쿠팡에서 구매한 1~3만 원대 장비다. 편집 애플리케이션도 핸드폰으로 바로 작업할 수 있는 무료 애플리케이션을 사용한다.

삼각대는 크기와 용도별로 다양한 종류가 존재한다. 촬영 대상, 촬영 공간, 촬영 방식 등에 맞춰서 구비하면 된다. 제품이나 음식 등을 촬영할 때는 항공샷 거치대가 있으면 유용하다. 외부에서 촬영할 경우에는 쉽게 다리를 폈다가 접을 수 있고 높이 조절이 가능한 것이 유용하다. 실내에서 또는 해가 진 이후에 촬영을 한다면 조명은 필수다. 내 목소리로 설명이나 나레이션을 넣는 경우에는 핀 마이크를 추천한다.

별도의 장비를 사용하지 않는 이유는 영상에 대해 잘 모르는 일반인 수준에서 고른 장비로도 충분히 괜찮은 퀄리티의 영상을 만들 수 있기 때문이다.

● 편집 애플리케이션

내 돈 들여 유료 편집 애플리케이션을 쓰지 않더라도 무료 편집 애플리케이션의 컷 편집, 병합하기, 텍스트 넣기, 효과음 넣기, 필터, 영상 비율 변경, 배속 등의 기본 기능을 사용하여 충분히 멋진 릴스를 만들 수 있다. 인스타그램에서도 간단한 컷 편집, 화면 전환, 필터, 스티커, 텍스트 넣기, 템플릿 사용 등이 가능하다. 기능은 지속적으로 업그레이드되고 있다.

무료	유료
인스타그램 자체 편집 기능	어도비 프리미어 프로
블로	다빈치 리졸브
캡컷	파이널컷 프로
비타	애프터 이펙트

| 고화질 촬영과 업로드는 기본 |

릴스를 업로드할 때 9:16 사이즈 촬영과 선명한 화질은 기본 중 기본이다. 촬영할 때에는 스마트폰의 기본 카메라를 사용하고, 9:16 비율로 찍어야 한다. 핸드폰의 세로 비율이 9:16이라고 보면 된다. 9:16 비율은 세로로 화면을 꽉 채우는 비율이다. 주어진 화면을 전체 다 활용할 수 있고 노출도 더 잘 된다. 과도한 필터나 보정 애플리케이션은 화질이 뭉개지고 자연스러워 보이지 않으니 사용하지 않는다. 밝은 자연광이 최고의 조명이다. 역광은 피하고 직접적인 햇볕은 피하자.

촬영 전 카메라 기본 설정에 들어가 설정을 4K/30fps로 맞춘다. 소셜미디어 영상 해상도와 초당 프레임 수는 1080p/30fps이다. 그런데 4k로 촬영해야 하는 이유는 넉넉하게 촬영을 해야 편집 시 영상을 자르거나 확대해도 화질이 깨지지 않기 때문이다. 운동 등 빠른 속도감을 촬영하거나 슬로우모션을 편집할 경우에는 60fps로 설정하고, 영화스러운 시네마틱 연출은 24fps로 설정한다. 가장 무난한 것이 4k/30fps이므로 이렇게 설정 후 촬영하고, 캡컷이나 블로 등 편집 애플리케이션에서 편집을 마치고 추출 단계에서 1080p/30fps로 추출하면 된다.

릴스 촬영 전 카메라 설정하기
설정 > 카메라 > 비디오 녹화 > 4k/30fps

HDR 비디오 끄기
포맷 > 높은 호환성 켜기 (아이폰, 갤럭시 동일하게 설정)

인스타그램 내에서 릴스를 업로드할 때도 역시 설정이 필요하다.

고품질 업로드 설정하기

인스타 본인 홈에서 우측 상단 삼선 > 설정 및 개인정보 > 미디어 품질 > 고화
질로 업로드 (아이폰만 가능)

 고화질 영상 찍는 법

인스타그램 게시물 사이즈 총 정리

풀화면 릴스 탭에서 보여지는, 또는 인스타그램 피드에서 릴스를 한 번 탭하면 확대되면서 보여지는 꽉 찬 화면이다. 빨간색 박스 공간에는 텍스트를 넣으면 가려지므로 텍스트를 넣지 않는다. 사람의 시선은 영상 중앙에서 살짝 위쪽을 가장 먼저 보게 된다. 여기에 제목과 핵심 메시지를 담으면 된다.

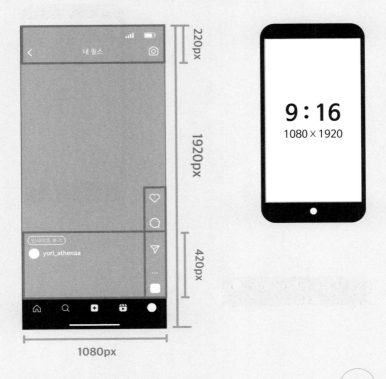

릴스 홈화면 인스타그램 피드에서 나의 팔로워들에게 보여지는 화면이다. 풀 사이즈보다 위아래가 살짝 잘린다. 최근에 세로 길이가 더 길어져서 1080*1600 정도는 되는 듯하다. 잘려 나가는 것을 대비하여 영상을 촬영하자.

풀 사이즈보다
아래위가 살짝 잘린다

릴스 커버 릴스의 위아래가 많이 잘려 나가는 것을 감안하여 커버를 설정하거나 별도로 만드는 것을 추천한다. 나는 영상 중 일부분을 커버로 선택하기도 하고 캔바를 이용하여 별도로 만들기도 한다.

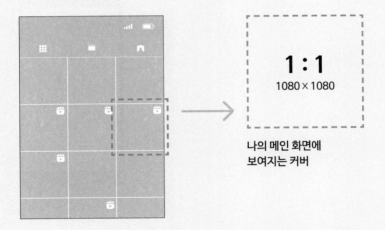

나의 메인 화면에
보여지는 커버

싱글/카드뉴스 세로가 더 길어져 더 많은 내용을 담을 수 있고, 시청자의 화면에 더 큰 면적을 차지한다는 장점이 있다.

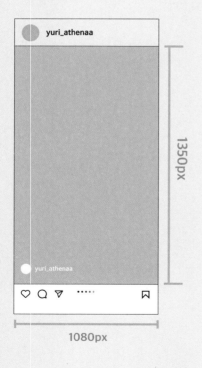

스토리 릴스와 동일한 사이즈다. 빨간색 박스 영역은 아이디와 음악 정보가 표시되는 부분으로 그 부분을 피하여 텍스트를 적는다.

내 스토리

죽은 공간 명심!

1920px

1080px

9 : 16
1080 × 1920

프로필 사진   프로필 사진은 해상도가 높은 선명한 사진을 사용해야 한다.

사이즈가 작아보여도
해상도가 높은 사진으로!

게시물 사이즈
스마트폰에서 확인하기

릴스가 재미있어지는 촬영 기법 세 가지

흥미로운 릴스를 만드는 데 유용한 기법 세 가지를 소개한다.

트랜지션　　하나의 영상에서 그 다음 영상으로 넘어갈 때 단순히 영상을 잘라 붙이는 것이 아닌, 두 영상이 마치 연결된 것처럼 표현하는 방법이다. 그래서 보는 이로 하여금 신기하다는 감정을 끌어낸다. 특정한 움직임이나 동작으로 한 영상을 끝내고 해당 움직임이나 동작을 그 다음 영상을 시작할 때 넣어 주어 자연스럽게 연결되도록 하는 것이 중요하다. 이 연결 포인트를 공간 이동, 의상 변화, 상황 변화 등 다양한 용도로 활용할 수 있다.

 트랜지션
예시 1

 트랜지션
예시 2

스톱모션　　스톱모션은 낱장의 사진을 이어붙여서 물체가 움직이듯 생동감을 부여하는 방식의 영상이다. 만화영화를 생각하면 이해하기 쉽다. 일반 영상으로 표현하기 어려운 내용을 표현할 수 있어서 흥미가 배가된다.

스톱모션
예시

그린스크린　영화에서 그린스크린을 두고 촬영 후 별도의 배경을 넣어 연출하는 장면을 본 적이 있을 것이다. 그린스크린 앞에서 사람이 공중을 날아다니는 듯한 포즈를 촬영하고, 뒷 배경을 하늘로 처리하는 방식이다. 릴스에서도 이를 활용하면 공중에 둥둥 떠 있는 모습 등 물리적으로 불가능한 표현이 가능하다. 온라인에서 그린스크린 제품을 구매할 수도 있고, 녹색의 천이나 종이를 뒤에 두고 찍어도 동일한 효과가 난다.

그린스크린
예시

저장수가 높아지는 릴스의 비밀

릴스 시청자 중 절반 정도는 음소거 상태에서 영상을 시청한다. 음소거로 시청하는 경우 자막이 내용 전달에 필수적이다. 시청자에게 도움이 되는 릴스일 경우 저장수가 올라가는데, 아무리 좋은 정보를 담아 릴스를 만들어도 가독성이 떨어지는 자막이 들어간다면 시청자는 금세 흥미를 잃고 이탈하고 말 것이다. 시청자에게 효과적으로 정보를 전달하려면 어떻게 해야 할까?

글자 위치　사람들은 자연스레 핸드폰 상단을 가장 먼저 보게 된다. 제목 등 핵심 내용은 상단부에 쓰고 부가적인 내용은 그 아래에 쓰면 된다. 영상을 촬영할 때 미리 글의 위치를 파악해서 이를 감안해서 촬영을 하면 좋다. 글자 위치 관련 자주 범하는 실수가 하나 있다. 재미를 더한다고 글을 여러 위치에 중구난방으로 위치시키는 것! 이렇게 되면 매번 바뀌는 글을 쫓아가기 바빠지고 이는 시청자의 피로도를 높인다.

텍스트로 도배하지 말 것　하나의 릴스에 너무 많은 정보를 주려고 하거나 내가 하고 싶은 말이 많을 때 자주 범하는 실수다. 릴스는 템포가 빠르기 때문에 한번에 들어오는 글이 아니면 아예 읽기를 포기하고 넘겨 버리게 된다. 최대한 간결하면서도 이해하기 쉬운 표현으로 짧게 써 주는 것이 좋다.

너무 작거나 너무 큰 글씨　별다른 노력 없이 쉽게 읽을 수 있는 크기를 사용하는 것이 좋다. 편집 애플리케이션에서 글자를 넣는 경우에는 편집할 때 보이는 화면과 릴스를 업로드하고 나서 핸드폰에 꽉 찬 화면으로 볼 때 글자 크기 차이가 발생할 수 있어서 미리 실제 글자 크기를 확인해 주면 좋다.

색상 대비　배경이 밝다면 글자는 어둡게, 배경이 어둡다면 글자는 밝게 해 주거나 테두리를 두르는 등의 방식으로 글자의 가독성을 높여 준다. 하늘이 배경인데 글자도 하늘색이면 읽기 힘들다.

피해야 하는 공간　릴스를 만들 때 피해야 하는 죽은 공간이 있다. 릴스에는 영상뿐 아니라 인스타 아이디, 좋아요와 댓글, 공유 아이콘, 사용한 음원 등 다양한 정보가 함께 보여진다. 이런 정보가 보여지는 공간을 피해야 한다. 영상의 최상단과 최하단은 팔로워들이 보는 릴스(4:5) 사이즈에서는 잘려서 보이지 않는다. 영상의 중요한 부분이나 텍스트는 죽은 공간을 피하도록 하자.

2~3초 간격으로 전환　영상도 그렇고 자막도 2~3초 간격으로 바뀌도록 구성하는 것을 추천한다. 후킹을 2초 내에 해야 하듯이, 영상 속에서도 2~3초 간격으로 변화를 지속적으로 주어 주의를 끌어야 하기 때문이다. 자막의 경우에도

2~3초 내에 읽을 수 있는 길이로 짧게 끊어서 보여 주는 것이 흥미 유지에 유리하다.

좋은 릴스의 조건 세 가지

1인 방송국이 가능해진 시대에 콘텐츠를 제작하고 발행하는 비용이 0원이라고 해도 될 만큼 저렴해졌다. 하루에도 엄청난 양의 콘텐츠가 쏟아지고 있고 많은 사람들이 도전장을 내밀고 있다. 콘텐츠 홍수 속에 누군가의 시선을 사로잡는 것은 쉽지만은 않은 일이다.

| 2초 내 후킹하라 |

아무리 유익한 내용, 감동적인 스토리를 담아 영상을 제작했다 하더라도 누군가 봐 주지 않으면 아무런 소용이 없다. 릴스의 경우, 첫 2초 내 시선을 끌지 못하면 바로 스크롤 당한다. 특히 나를 팔로우하지 않는 불특정 다수라면 그럴 확률이 더 높아진다. 이 릴스를 봐야 하는 이유를 초반에 바로 제시해야 한다. 이어질 내용이 궁금해지는 제목을 쓰거나, 뛰어난 영상미, 재밌는 편집, 의아한 장면 등을 영상의 초반에 제시해 시청을 지속할 강력한 이유를 제공하는 것이다.

| 끝까지 시청하게 하라 |

초반 후킹으로 사람들의 시선을 사로잡았다면, 그 다음으로 해야 할 일은 릴스를 끝까지 보게 만드는 것이다. 특히, 인스타그램은 '평균 시청 시간'이라는 지표를 중요 지표로 치는데, 평균 시청 시간을 늘리기 위해서는 릴스를 끝까지 보는 사람이 많아야 한다.

릴스를 끝까지 보는 사람이 많지 않을까 걱정된다면 차라리 짧게 만들어라. 30초짜리 영상을 끝까지 보게 만드는 것보다 5초짜리를 끝까지 보게 만드는 것이 쉽다. 1초만 지루해도 스크롤 당하는 시대이기 때문에 긴 시간 사람들의 시선을 사로잡기란 쉽지 않을 수 있다. 제공하는 정보, 스토리, 연출, 영상미, 편집기술 중 최소 하나는 강력해야 한다.

끝까지 보게 되는 릴스는 보통 다음의 단계로 구성된다. 도입부에서 해당 릴스를 보고 싶게 만드는 요소를 넣어 주고, 중간 부분에서는 흥미를 계속 유지시킨다. 이 과정에서 애당초 이 릴스를 보려고 클릭한 궁금증과 호기심을 충족시켜 주어야 하며 마무리에서는 특정 행동을 유발시켜야 한다.

행동 유발은 다양한 형태를 띨 수 있다. 좋아요, 댓글, 저장, 공유를 하라고 할 수도 있고, 특정 링크로 이동하게 하거나 행동을 취하게 할 수도 있다. 예시로 든 릴스의 경우 다이어터를 위한 요리 레시피를 소개하는 영상이다. 도입부에서 비포 애프터를 보여주며 시선을 끌고, 중간부에서는 레시피를 설명해 주며 흥미를 더해 준다. 마무리로 꼭 먹어 보라는 멘트를 넣었다. 이 릴스를 참고해서 요리를 바로 해 보게 하는 것도 행동 유발에 포함될 수 있다. 이런 경우 해당 콘텐츠를 통해 도움을 받았다는 느낌을 강하게 받기 때문에 해당 계정에 대한 팬심이 커지는 강력한 효과가 있다.

 @heeddo.fit의 릴스

| 가치를 제공하라 |

사람들은 가치 있는 것에 집중한다. 릴스로 전달할 수 있는 가치는 다양하다. 유익한 정보를 전해줄 수도, 울적한 마음을 달래 주는 재미를 줄 수도, 공감을 일으켜 팔로워와 유대감을 형성할 수도 있다. 이 중 한 가지만 가지고 있어도 되고 여럿을 믹스할 수 있으면 더 좋다. 어떻게 믹스하느냐에 따라 나만의 특색 있는 콘텐츠가 만들어진다.

● 정보

정보를 얻는다고 생각하면 네이버, 다음, 구글과 같은 포털사이트를 가장 먼저 떠올릴 것이다. 하지만 최근에는 양질의 정보를 얻을 수 있는 곳들이 더욱 다변화되었다. 유튜브가 그 중 하나이고, 챗GPT도 그렇다. 의외로 사람들이 간과하는 곳이 핀터레스트와 틱톡이다. 핀터레스트는 이미지 공유가 주 기능인 소셜 네트워크서비스다. 구글 못지 않은 정보의 보고이다. 영상 아이디어도 다양하게 얻을 수 있다. 영어로 된 콘텐츠가 많다는 특징은 있지만 활용해 보길 바란다.
숏폼의 선구주자인 틱톡은 숏폼 트렌드를 미리 파악하기에 좋다. 특히, 틱톡에서 유행한 챌린지나 트렌드가 인스타그램으로 순차적으로 넘어오는 경향이 있어서 틱톡을 정기적으로 살펴보면 트렌드에 앞서 갈 수 있다. 또한, 틱톡에는 다양한 꿀팁을 소개하는 계정들이 많이 있어 정보 검색에도 유용하다.

● 재미

연기를 익살스럽게 하지 못해도, 웃긴 내용이 아니어도 재미있는 릴스를 만들 수 있다. 다양한 편집 기법과 촬영 기법을 사용하여 개성 있는 릴스를 만들어 보자.

@thepacman82의
릴스

● **반전**

예상치 못한 반전 요소로 재미나 감동을 주는 방식이다. 반전은 반전 전후가 명
확하게 대비가 되어야 그 효과가 극대화가 된다. 앞서 설명한 트랜지션은 그 자
체로도 전후 변화 느낌을 주기 때문에 활용하면 좋다. 반전 효과에 걸맞은 음원
을 사용하는 것도 강력한 힘을 발휘한다. 영화나 드라마에서 BGM의 중요성은
다 알 것이다. 이를 잘 활용하면 반전의 재미를 극대화할 수 있다.

 @virbro_의 릴스

● **공감**

공감과 소통은 인스타에서 매우 중요한 핵심 키워드가 되었다. 다양한 정보가

난무하고 이를 검색 몇 번만으로 쉽게 찾을 수 있는 상황에서, 감정적 연결고리를 만들어 주는 공감은 인스타 내 다양한 사람들과 교류할 수 있는 계기를 마련해 준다. 특히, 공감을 불러 일으키는 콘텐츠는 팬심을 확보하는 데 결정적인 역할을 한다.

공감 가는 콘텐츠라는 것이 추상적인 개념처럼 보일지 모르겠지만 조금만 관심을 가지면 공감의 힌트는 다양한 곳에서 찾을 수 있다.

첫째, 인기 게시물에 달린 댓글을 살펴보자. 댓글에는 사람들이 공감하는 부분, 궁금해하는 내용, 힘들어하는 점 등의 흔적이 남아 있다. 이는 콘텐츠의 좋은 재료가 된다. 내 팔로워들이 남긴 댓글도 좋고, 내가 벤치마킹하는 계정의 댓글을 살펴보는 것도 좋다.

둘째, 인스타그램의 분석 기능을 적극적으로 활용해 보자. 인사이트에서 저장수와 공유수가 가장 많은 게시물은 사람들이 가장 유용하다고 생각한 정보이니 이와 비슷한 콘텐츠를 만들거나 좀 더 세부적인 내용을 다뤄 보자. 저장은 유용한 정보나 가치를 담고 있어서 나중에 또 보려고 한다는 의도를 담고 있다. 공유는 공감가는 부분을 누군가에게 보내는 행위이다. 저장할 만한, 또는 공유할 만한 콘텐츠를 고민해 보자.

릴스 관련 흔한 오해 여섯 가지

| 춤을 잘 추거나 외모가 뛰어나야 한다? |

춤을 잘 추거나 뛰어난 외모를 가진 사람이 등장하는 릴스는 사람들의 시선을 붙잡기 용이하다. 조회수도 많이 나온다. 가볍게 소비할 수 있는 콘텐츠이고 사람들은 재미 요소를 좋아하기 때문이다. 춤이나 외모는 수만 가지 릴스 유형 중한 가지일 뿐이다. 얼굴을 전혀 드러내지 않고 만드는 릴스도 많다. 내가 전달하고자 하는 내용에 맞는 릴스를 만들면 된다.

| 화려한 편집 기술이 필요하다? |

편집 기술을 갖추면 같은 영상도 훨씬 재밌고 흥미롭게 만들 수 있다. 하지만 편집 기술이 꼭 필요한 건 아니다. 편집을 전혀 하지 않는 경우도 있고, 간단한 편집으로도 충분히 릴스를 시작할 수 있다.

| 1일 1릴스를 해야 한다? |

콘텐츠를 자주 올리면 나의 실력이 늘어나고 이에 따라 더 많은 사람들에게 노출될 가능성이 높아진다. 하지만 1일 1릴스가 의무는 아니다. 물론, 매일 릴스를 만들면 실력은 기하급수적으로 좋아질 것이다. 하지만 모두가 릴스에만 몰입할 수 있는 상황은 아니기에 나만의 꾸준함을 정의해야 한다. 최소 일주일에 1개는 목표로 삼아 보자.

| 트렌드를 쫓아가야 한다? |

트렌드를 따라가면 더 많은 반응을 확보할 가능성이 높아진다. 사람들이 흥미와 재미를 느끼는 콘텐츠가 될 수 있기 때문이다. 하지만 트렌드를 따라간다고 꼭 흥행한다는 보장은 전혀 없다. 오히려 무분별하게 트렌드를 쫓아가다 보면 내 계정의 색이 흐려질 수 있다. 오늘은 춤 릴스를 올렸다가 내일은 메이크업 릴스를 올리고, 모레는 강아지 릴스를 올리는 식의 업로드는 자제하자.

| 완벽한 릴스를 업로드해야 한다? |

완벽이란 존재하지 않는다. 이런 얘기를 종종 듣는다. "내가 2시간을 공들여 만든 릴스는 조회수가 엉망인데, 10초 만에 대충 찍어서 올린 릴스가 빵 떴다." 이것은 무엇을 의미하는가? 릴스를 대충 만들어라? 아니다. 대중이 어떤 콘텐츠에 반응할지 그만큼 예측하기 어렵다는 의미이다. 또는, 너무 힘을 준 콘텐츠 보다는 욕심을 내려놓고 가벼운 마음으로 만드는 콘텐츠가 더 반응을 끌어낼 수 있음을 의미한다.

어떤 릴스가 뜰지 모르기 때문에 이것저것 다양하게 올려 봐야 한다. 완벽성을 기한다고 릴스 올리는 시간이 늦춰지거나, 아예 올리지 못하는 경우를 봤다. 피아니스트가 되기 위해 무수히 많은 시간을 피아노를 치고, 변호사가 되기 위해 방대한 양의 자료를 공부하듯, 실력 있는 콘텐츠 제작자가 되기 위해서는 무수히 많은 콘텐츠를 만들고 평가를 받아야 한다. 그러니, 완벽을 추구하지 말고 행동을 추구하자.

| 릴스는 조회수만 많이 나오면 된다? |

조회수는 중요하다. 얼마나 많은 사람들이 내 콘텐츠를 봤는지를 보여주는 지표이고, 기왕 만든 콘텐츠를 많은 사람이 보면 정말 좋다. 하지만 인스타는 유튜브처럼 조회수 기반으로 수익화가 되지 않는다.

2023년 봄부터 릴스 조회수만으로도 수익을 받을 수 있는 릴스 보너스라는 것이 부분적으로 도입되어 나도 매달 20~30만 원 사이의 용돈을 벌고 있지만 조회수가 많이 나오고 팔로워 유입이 되어도, 해당 팔로워들에게 유무형의 판매를 하는 것은 완전히 별개의 일이다. 릴스를 통해 나를 많은 사람들에게 알리고 이들이 내 계정을 팔로우하는 것에서 그치면 안 되고, 다양한 가치를 끊임없이 제공해야 한다. 이것이 시간을 두고 반복되면 나에 대한 신뢰가 저절로 쌓이게 된다.

유리쌤의 콘텐츠 컨닝페이퍼

| 릴스 10개로 자기 소개하기 |

우여곡절 에피소드	진행 중인 강의나 챌린지 현장 공개
내가 추구하는 가치 공유	나의 특이점 5가지
최근 달성한 성과 공유	실패했던 경험 나누기
이번주 할 일 목록 공유	자주 받는 질문 답변
나의 하루 일정	일하는 모습 공개

| 얼굴 드러내지 않고 만들 수 있는 릴스 TOP 10 |

작업 공간 투어	여러 장의 사진으로 내 브랜드 스토리 알리기
이 일을 시작하게 된 계기 보여 주기	나의 타겟 마켓과 관련된 꿀팁 공유
초창기 vs. 현재를 비교해서 보여 주기	이상 vs. 현실 보여 주기
작업 공간을 담은 영상에 좋아하는 명언 올리기	유용하게 사용하는 사업 관련 툴이나 애플리케이션 공유하기
도움되는 유튜브 채널이나 인스타그램 계정 정보 공유하기	보이스오버를 이용한 튜토리얼

주제 관련 문제점	해결 방안	흔히 하는 오해
관련 통계 수치	업계 동향	자주 범하는 실수
불가능하다고 생각하는 통념	다양한 사례	비포 애프터
사용 시 효과	하지 않았을 때의 손해	실제 후기
나의 경험	주요 논쟁점	하지 않아도 무방한 것
팩트 폭격	씁쓸한 진실	다양한 유형 소개
보여지는 것과 실제 상황	과정 보여주기	장점 나열
향후 계획	추천 대상자	비추천 대상자

사례 연구	은유법	구성하는 요소
이를 달성하는 방법	내가 얻은 교훈	오해와 실제
꼭 필요한 이유	굳이 필요 없는 이유	없으면 발생하는 상황
있으면 발생하는 상황	이럴 때 추천합니다	구매 방법
관련 전략	이를 위한 과정	용어 소개
약어 소개	이 주제를 고른 이유	무료 애플리케이션, 유료 애플리케이션 소개
필요한 기술	관련 도서 추천	

재능, 환경, 한계를 뛰어넘어
최고의 나를 만나는 역주행 인생 공략법

마흔, 라벨 떼고 다시 시작

클랩북스 드림

초판 1쇄 인쇄 2024년 1월 30일
초판 1쇄 발행 2023년 2월 19일

지은이 강유정(유리쌤)
펴낸이 김선식, 이주화

기획편집 김찬양
디자인 피스타치오

펴낸곳 ㈜클랩북스 **출판등록** 2022년 5월 12일 제2022-000129호
주소 서울시 마포구 어울마당로3길 5, 201호
전화 02-332-5246 **팩스** 0504-255-5246
이메일 clab22@clabbooks.com
인스타그램 instagram.com/clabbooks
페이스북 facebook.com/clabbooks

ISBN 979-11-984285-6-1 (03190)

(주)클랩북스는 독자 여러분의 책에 관한 아이디어와 원고 투고를 기다리고 있습니다.
책 출간을 원하시는 분은 이메일 clab22@clabbooks.com으로 간단한 개요와 취지, 연락처 등을 보내주세요.
'지혜가 되는 이야기의 시작, 클랩북스'와 함께 꿈을 이루세요.